Thomas Kopp
Wetterau zu Fuß

Thomas Kopp

Wetterau zu Fuß

Die schönsten Sehenswürdigkeiten zu Fuß entdecken

SOCIETÄTS VERLAG

Durch das Scannen des QR-Codes werden Sie auf unsere Website geleitet (alternativ dazu finden Sie hier den Link: https://societaets-verlag.de/wetterau-zu-fuss/. Mit dem Passwort WetterauEntdecken! erhalten Sie Zugriff auf den geschützten Bereich. Dort können Sie die gewünschten Tracks kostenfrei herunterladen und mit einem Endgerät Ihrer Wahl auslesen lassen.

Sämtliche Tracks wurden von Autor und dem Verlag nach bestem Wissen und Gewissen überprüft. Dennoch können wir Fehler und Abweichungen leider nicht ausschließen, beispielsweise, wenn sich Gegebenheiten vor Ort verändern.

Die Angaben und Informationen in diesem Buch sind aktuell recherchiert und vor Drucklegung sorgfältig überprüft worden. Sie erheben keinen Anspruch auf Vollständigkeit zum Zeitpunkt der Veröffentlichung. Trotzdem ist darauf hinzuweisen, dass sich Telefonnummern, Öffnungszeiten und andere Angaben ändern können. Weder der Autor noch der Verlag übernehmen trotz größtmöglicher Sorgfalt Verantwortung und Haftung für eventuelle Fehler.

1. Auflage

Satz: Julia Desch, Societäts-Verlag
Umschlaggestaltung: Bruno Dorn, Societäts-Verlag
Umschlagabbildung: © Video Media Studio Europe/Shutterstock
Karten: Julia Desch, Societäts-Verlag
Karte 10–11: Bengsch/Meißner
Geodaten © GeoBasis-DE/BKG 2021
Druck und Verarbeitung: CPI books GmbH, Leck
Printed in Germany 2022

FSC www.fsc.org MIX Papier | Fördert gute Waldnutzung FSC® C083411

ISBN 978-3-95542-424-4

Klimaneutraler Druck 2022 firstclimate

Besuchen Sie uns auch im Internet:
www.societaets-verlag.de

Inhalt

Vorwort

Als »Friedberger Bauern« werden auch heute noch von manchen jene Autofahrer bezeichnet, die sich aus der Wetterau in die Rhein-Main-Region aufmachen. Doch hinter dem Autokennzeichen »FB« verbirgt sich weit mehr als landwirtschaftliche Flächen, so weit das Auge blickt. Auch wenn die Region zwischen Taunus und Vogelsberg, zwischen dem Gießener Becken und Frankfurt noch immer von ihrer hervorragenden Qualität ihrer Ackerkrume profitiert, so ist in den Städten viel Moderne eingezogen. Der Landstrich offeriert dem Besucher ein breites Repertoire an Sehenswürdigkeiten. Dazu zählen nicht nur viele Attraktionen, die die Natur für Wandernde und Biker bereithält, sondern auch markante Schätze der Geschichte.

Die in diesem Buch beschriebenen sechs Städte sind mit einer Größe von 17.000 bis 35.000 Einwohnern die zentralen Einheiten für die sie umgebenden Gemeinden. Und dabei ist jede etwas Besonderes, nicht mit den anderen vergleichbar. Denn auch dies prägt die Wetterau: Mikrokosmen. Dies macht sich nicht nur an den ganz unterschiedlichen Mundarten bemerkbar, sondern auch an der Mentalität der Bewohner in den verschiedenen Landstrichen.

Ist der Bad Vilbeler aufgrund des starken Bezugs zum großen Nachbarn Frankfurt urban geprägt, so kann man in Nidda das Gefühl bekommen, die nächste Großstadt läge Tagesreisen entfernt. Trotzdem hält auch diese Stadt viele Angebote für jedes Alter bereit. Auch architektonisch gibt es starke Kontraste. Während Butzbach durch sein geschlossenes Fachwerk-Ensemble rund um den Marktplatz als »Perle der Wetterau« gilt, verbreitet das nur zehn Kilometer entfernte Bad Nauheim durch seinen Jugendstil-Sprudelhof und zahlreiche klassizistische Bauten internationales Flair. Eine lange und wechselvolle Geschichte indes weisen die Kreisstadt Friedberg, aber auch Büdingen auf. Und dennoch sind beide Städte trotz ihrer imposanten Burgen nicht im Geringsten miteinander vergleichbar.

Weite Auen vor allem entlang des namensgebenden Flusses Wetter, einzigartige Naturschutzgebiete, große geschlossene Waldflächen: All dies prägt die Wetterau ebenfalls. Doch soll es in diesem Buch um die Menschen und ihr Engagement gehen, ihre Heimat zum Sehnsuchtsort für andere Menschen zu machen. Dass ihnen das eindrucksvoll gelungen ist, zeigt sich an großen Bauvorhaben, facettenreichen und einzigartigen Museen, aber auch einer herausragenden Medizin und Forschung, einem breiten gastronomischen Angebot und vielen kleinen und großen Festen und Veranstaltungen, auf denen die Wetterauer gerne Gäste von außerhalb begrüßen. Dass diese Angebote auch tatsächlich wahrgenommen werden, zeigen die Übernachtungszahlen, die in der Regel bei weit über einer Million Gästen pro Jahr liegen.

Lassen Sie sich auf dieses Angebot ein und folgen den in diesem Buch aufgeführten Touren, Sie werden nicht nur die Höhepunkte der sechs vorgestellten Städte erleben, sondern auch Kleinode abseits der ausgetretenen Pfade. Vergangenheit, Gegenwart, Zukunft – all das soll hier seinen Platz finden.

Doch, Achtung! Auch »Seitensprünge« sind möglich. Denn ein Buch über die Wetterau zu schreiben, ohne etwa auf das Kirschendorf Ockstadt, das »Wetterauer Tintenfass« Burg Münzenberg oder das international renommierte Keltenmuseum am Glauberg einzugehen, wäre schlichtweg fahrlässig.

Der Autor dieses Buches ist ein waschechter Wetterauer und hat als Journalist in den verschiedenen Mikrokosmen der Wetterau gearbeitet. Und auch wenn er sich durchaus als Kenner von Land und Leuten bezeichnen darf, sind ihm bei der Recherche immer wieder Geschichten begegnet, die er selbst noch nicht kannte. So etwa, dass man im historischen Ambiente in Nidda echte Schwertkämpfe absolvieren kann. Oder dass in einem Festungsturm in Büdingen mit dem Sandrosenmuseum ein ganz besonderes Juwel auf die Besucher wartet.

Wer den hier vorgestellten Touren folgen will, kann die jeweiligen Startorte natürlich bequem mit dem Auto erreichen und sich dann zu Fuß auf den Weg machen. Doch geht das natürlich auch per Anreise mit öffentlichen Verkehrsmitteln. Egal, wie Sie sich entscheiden: Viel Spaß beim Entdecken der Wetterau!

Noch ein Wort von einem Wetterauer an seine Mitbürger und Liebhaber der Region: Ja, man hätte noch mehr Sehenswürdigkeiten der Wetterau anführen können, die Auswahl ist umfangreich. Doch in diesem Buch geht es darum, die kulturell und historisch bedeutendsten Städte des Landstrichs vorzustellen und dazu noch einige Höhepunkte zu präsentieren, um die der Besucher nicht herumkommen sollte. Sicherlich könnte man Orten wie dem Bingenheimer Ried, der Region um Gedern oder auch der Stadt Karben weitere Texte widmen. Das aber soll anderen Autoren vorbehalten sein, die die Landschaft mehr in den Fokus stellen.

In eigener Sache: Im Frühjahr 2021 entstand die Idee für dieses Buch, eine Zeit voller Unwägbarkeiten. Die Recherchetouren fanden mitten in der Coronakrise statt, mit Maskenpflicht und Mindestabstand. Kunst und Kultur, Handel und Gastronomie liefen – wenn überhaupt – auf Sparflamme. Zahlreiche Baustellen – etwa in Bad Vilbel in Vorbereitung auf den auf das Jahr 2025 verschobenen Hessentag oder durch Aufräumarbeiten nach einem katastrophalen Hochwasser in Büdingen Anfang 2021 – erschwerten die Situation zusätzlich. Dem Buch sollte man die schweren Zeiten seiner Entstehung nicht anmerken. Dennoch fehlt auf manchen Fotos das sonst an den jeweiligen Orten üppig vorhandene gesellschaftliche Leben. Falls ein Detail nach Corona nicht mehr so sein sollte, wie es in diesem Buch niedergeschrieben ist, sehen Sie es bitte nach.

Thomas Kopp

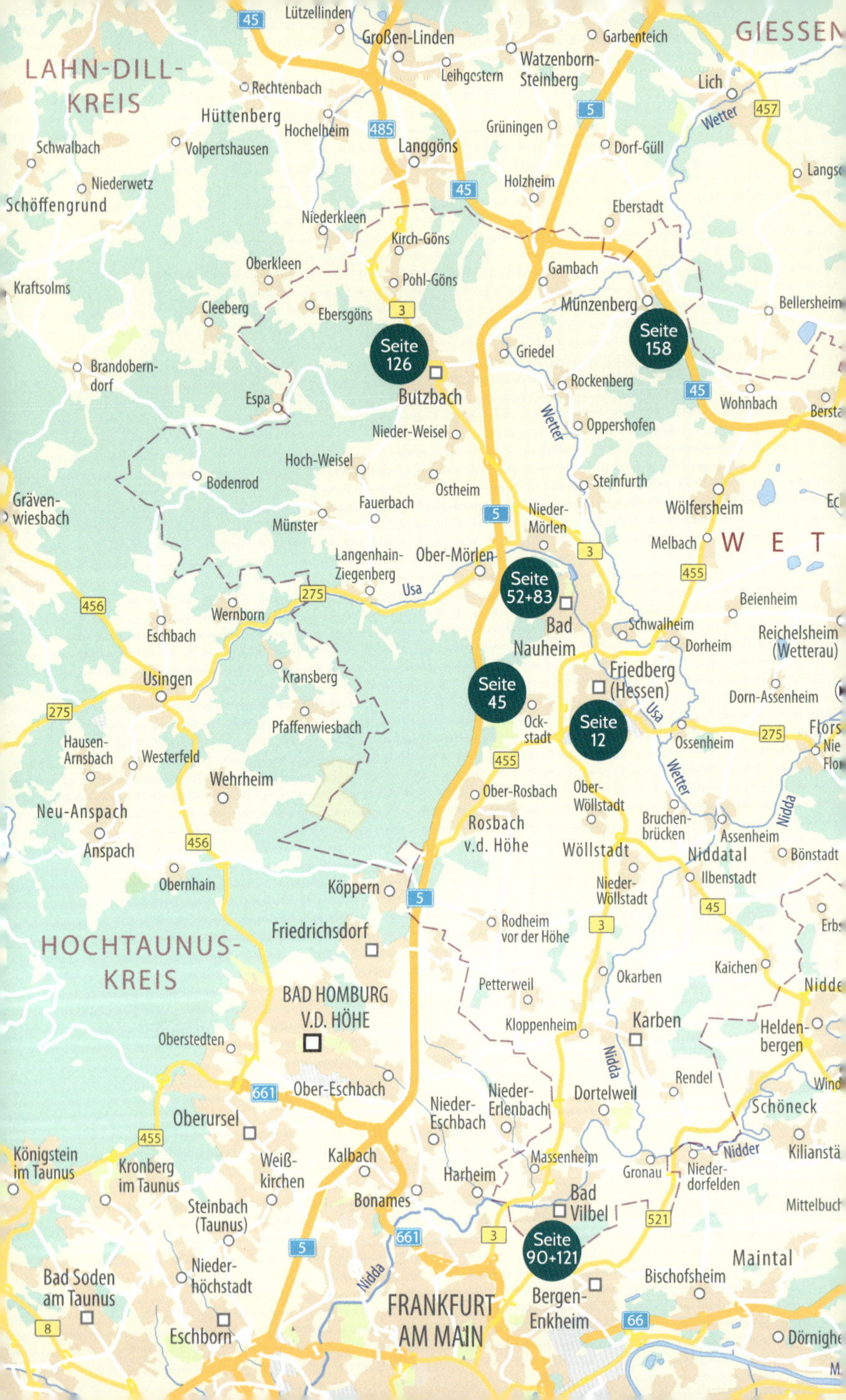

LAHN-DILL-KREIS
GIESSEN
Lützellinden
Großen-Linden
Garbenteich
Watzenborn-Steinberg
Leihgestern
Rechtenbach
Hüttenberg
Hochelheim
Lich
Grüningen
Dorf-Güll
Wetter
Schwalbach
Volpertshausen
Langgöns
Langsd
Niederwetz
Schöffengrund
Holzheim
Eberstadt
Niederkleen
Kirch-Göns
Oberkleen
Gambach
Pohl-Göns
Kraftsolms
Münzenberg
Bellersheim
Cleeberg
Ebersgöns
Seite 158
Seite 126
Griedel
Brandobern-dorf
Rockenberg
Wohnbach
Berst
Espa
Butzbach
Oppershofen
Nieder-Weisel
Hoch-Weisel
Steinfurth
Bodenrod
Ostheim
Gräven-wiesbach
Fauerbach
Wölfersheim
Münster
Nieder-Mörlen
Melbach
WET
Langenhain-Ziegenberg
Ober-Mörlen
Seite 52+83
Usa
Wernborn
Beienheim
Eschbach
Bad Nauheim
Schwalheim
Dorheim
Reichelsheim (Wetterau)
Usingen
Kransberg
Seite 45
Friedberg (Hessen)
Dorn-Assenheim
Pfaffenwiesbach
Ockstadt
Seite 12
Ossenheim
Flors
Hausen-Arnsbach
Westerfeld
Wehrheim
Ober-Rosbach
Ober-Wöllstadt
Neu-Anspach
Rosbach v.d. Höhe
Bruchen-brücken
Assenheim
Nidda
Anspach
Wöllstadt
Niddatal
Bönstadt
Obernhain
Köppern
Nieder-Wöllstadt
Ilbenstadt
Rodheim vor der Höhe
HOCHTAUNUS-KREIS
Friedrichsdorf
Petterweil
Okarben
Kaichen
BAD HOMBURG V.D. HÖHE
Kloppenheim
Karben
Helden-bergen
Oberstedten
Rendel
Ober-Eschbach
Nieder-Erlenbach
Dortelweil
Oberursel
Nieder-Eschbach
Schöneck
Königstein im Taunus
Kronberg im Taunus
Weiß-kirchen
Kalbach
Massenheim
Gronau
Nidder
Nieder-dorfelden
Harheim
Bonames
Steinbach (Taunus)
Bad Vilbel
Mittelbuch
Seite 90+121
Maintal
Nieder-höchstadt
Bad Soden am Taunus
Bergen-Enkheim
Bischofsheim
FRANKFURT AM MAIN
Eschborn
Dörnighe
45
485
5
457
3
455
275
456
661
8
66
521

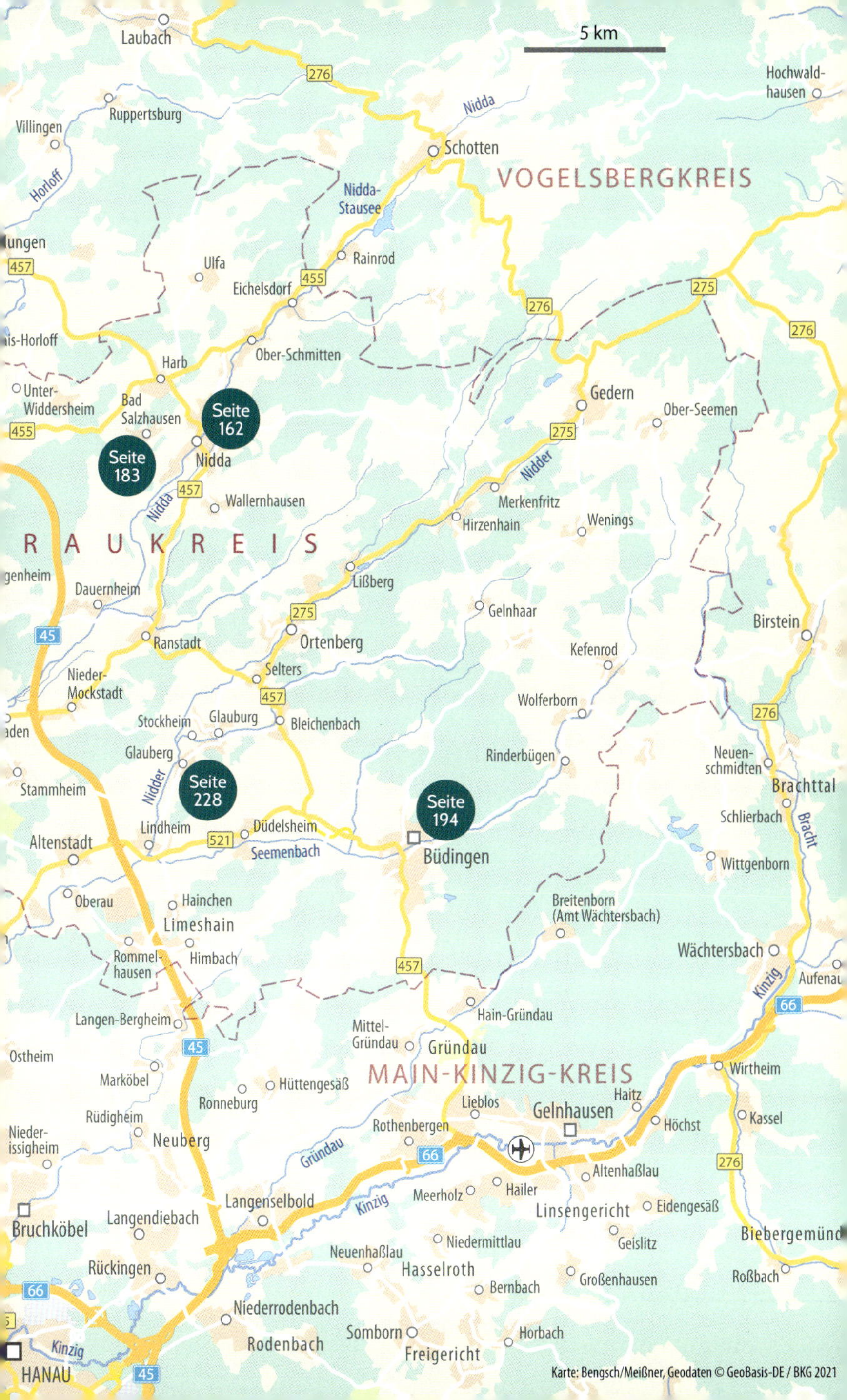

Karte: Bengsch/Meißner, Geodaten © GeoBasis-DE / BKG 2021

1 – Wehrhafte Bürger im Zentrum der Macht

Wehrhafte Bürger im Zentrum der Macht

Eine nicht immer gute Nachbarschaft: Burg und Stadt Friedberg

Friedberg ist heute als Sitz des Landratsamtes nicht nur politisches Zentrum der Wetterau, sondern durch die Technische Hochschule Mittelhessen auch das wissenschaftliche. Die Stadt spielt aber schon seit fast 2.000 Jahren und sogar darüber hinaus eine wichtige Rolle, nicht nur für die Region, sondern auch für das Römische Reich. 700 Jahre lang war es zudem der Wetterauer Zufluchtsort für Juden. Heute befindet sich die Stadt im Umbruch, ohne ihr historisches Erbe zu verleugnen.

Der Spaziergang beginnt mit einem Überblick über die lange Geschichte der heutigen Kreisstadt im **Wetterau-Museum** und führt in die von weither zu erblickende **Stadtkirche**. Danach geht es durch die **Altstadt** und das **jüdische Viertel** zur **Burg** mit ihrer wechselvollen Geschichte. Mit rund 39.000 Quadratmetern Gesamtgröße zählt die Anlage zu den größten im deutschsprachigen Raum. Durch den Burg-

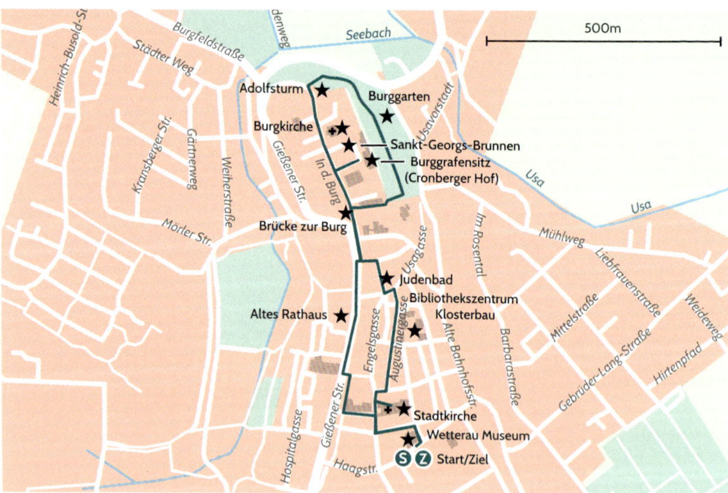

garten geht es dann zurück in die Stadt und über die auch für heutige Maßstäbe noch sehr breite Kaiserstraße zurück zum Ausgangspunkt.

Dauer: ca. 2 Stunden (diverse Auf- und Abstiege in historische Gebäude)
Strecke: 3 Kilometer
Start: Haagstraße (Parkplätze direkt am Wetterau-Museum)
ÖPNV: vom Bahnhof z.B. Buslinien FB-30, FB-31 und FB-34 zur Kaiserstraße, von dort 100 Meter in die Haagstraße

Wer sich der Stadt Friedberg gedanklich nähern will, sollte zunächst einen Blick auf die Historie werfen. Den bietet das **Wetterau-Museum**, das neben dem Heuson-Museum in Büdingen und dem Butzbacher Stadtmuseum zu den bedeutendsten Museen in der Wetterau zählt. Das Haus versteht sich heute als lebendiges Museum nicht nur für Friedberg, sondern für die gesamte Wetterau *(Di.–Fr. 9–12*

Das Wetterau-Museum soll erweitert werden

Überreste des Katharinenbrunnens im Innenhof des Wetterau-Museums

und 14–17 Uhr, Sa. 14–17 Uhr, So. 10–17 Uhr, Eintritt: regulär 4 Euro, ermäßigt 2 Euro, www.wetterau-museum.de).

Im letzten Jahrzehnt des 19. Jahrhunderts führten Funde aus der Römerzeit und die Gründung des Friedberger Geschichtsvereins zur Einrichtung eines Hauses, in dem vergangene Zeiten wieder lebendig werden sollten. Bereits 1913 erhielten die Exponate ihren bis heute endgültigen Platz in den Gebäuden in der Haagstraße, die bis dato noch als städtische Pferdeställe gedient hatten. Doch durch verschiedene Ereignisse und den Ersten Weltkrieg fand die Eröffnung an dieser Stelle erst 1920 statt. Seit 1936 befinden sich die Sammlungen im Eigentum der Stadt Friedberg. Gut 100 Jahre nach der Eröffnung gibt es Überlegungen, das Museum zur Stadtkirche hin auszubauen, wo sechs große einstige Einfahrten der Feuerwehr die Möglichkeit dazu bieten, die für die Region bedeutende Sammlung von Exponaten noch mehr nach außen hin zu präsentieren.

Wer das Museum betreten möchte, gelangt zunächst in einen Innenhof, der für sich selbst schon das Fluidum einer reichen Historie ausstrahlt. Hier zu erblicken sind Steindenkmäler, unter anderem die Original-Figur des **Georgbrunnens** mit Drachen aus dem Jahr 1738, deren Replik uns später in der Burganlage begegnen wird. Doch auch Überreste des **Katharinenbrunnens**, einem bedeutenden Stadtbrunnen mitten auf der Kaiserstraße (bis 1855), befinden sich hier. Zu sehen sind der Querträger, ein Aufsatz mit dem Wappen der Reichsstadt Friedberg, zwei Steinspitzen und die Figur der Justitia, die auf das Jahr 1619 datiert werden. Grabplatten aus der frühen Neuzeit komplettieren diesen ersten Ausstellungsbereich, darunter die Grabplatte des Friedberger Burggrafen Johann Brendel (gest. 1569) von Homburg aus dem Jahr 1557.

Jetzt aber rein! Bereits im Kassenraum kann der Besucher eine Andeutung von dem erfahren, was ihn beim folgenden Rundgang erwartet. Das Museum widmet sich zwar unter anderem in der Vor- und Frühgeschichte den Schwerpunkten Kelten und Römer, doch auch davor und danach gab es bedeutende Funde, die auf die Bedeutung des Ortes und der ihn umgebenden Region in allen Epochen hinweisen. Die ältesten Funde, Steinwerkzeuge, reichen rund 500.000 Jahre zurück. Äußerst selten, aber in der Wetterau vermehrt aufgefunden wurden zudem Tonidole, die ein Alter von etwa 5.000 Jahren aufweisen. Die ältesten hessischen Ackerbauern aus der Jungsteinzeit wussten früh um die guten Böden der zentralen Wetterau. In der Bitte um reiche Ernte wurden die Idole mit menschlichen und tierischen Darstellungen angefertigt. Grabbeigaben wie Schmuck, Gefäße, Waffen und Werkzeuge liefern weitere Einblicke in längst vergangene Zeiten.

Mit dem Fund des Keltenfürsten bei Glauburg wuchs in der Wetterau das Interesse an diesem Volk, dessen Geschichte aufgrund von nicht vorhandenen schriftlichen Überlieferungen nur anhand anderer Funde rekonstruiert werden musste. Das Museum als wichtiger Anlaufpunkt der von der hessischen Landesregierung ins Leben gerufenen »Keltenstraße« widmet den Kelten einen Schwerpunkt und verfolgt dabei einen Zeitraum von 1.000 Jahren. Nicht nur die gefundenen Objekte stehen im Mittelpunkt, sondern auch die Beantwortung offener Fragen zum Alltagsleben dieses Volkes. Dabei geht es um Hausbau, Handwerkstechniken, Landwirtschaft, Handel und

Relikte längst vergangener Zeiten sind im Museum zu sehen

Ernährung bis hin zur religiösen Anschauung. Diese werden durch Rekonstruktionen, Karten und großdimensionale Fotos plastisch dargestellt.

Auch die Römer wussten um den Wert des Ackerbodens in der Wetterau und erweiterten ihren Grenzwall Limes großflächig um die Region herum. Seit der Aufnahme des Grenzwalls in die Liste des UNESCO-Welterbes bildet die römische Abteilung des Museums das Limesinformationszentrum für die zentrale Wetterau. Nicht nur das Militär, sondern auch die anhängenden Familien werden im Museum beleuchtet. Nach der Besetzung der Wetterau unter Kaiser Vespasian (69–79 n. Chr.) wurde eine Reihe von Kastellen, darunter Friedberg, gegründet. Dieses befand sich an jener Stelle, wo heute die Burganlage den Blick auf Friedberg von weither dominiert, sogar auf etwa gleicher Größe. Darin untergebracht waren etwa 1.000 syrische Bogenschützen, die bei Überfällen auf den Grenzwall im Taunusgebiet schnell als Verstärkung eingreifen konnten. An das Kastell schloss sich eine zivile Siedlung – vicus – an, sozusagen die Geburtsstunde der Stadt Friedberg. Bis ins Jahr 260 n. Chr. war die Wetterau römisches Gebiet.

Im Museum zu sehen sind hochkarätige Funde wie ein Münzschatz mit 1.136 Denaren aus dem Kastell Ober-Florstadt, Überreste von Heiligtümern aus dem Kastell Kapersburg, ein reiches Frauengrab aus dem heutigen Wölfersheim und ein 1894 in Friedberg ausgegrabenes Mithras-Heiligtum. Weitere Vitrinen gewähren

Historische Stadtansichten im Museum

Einblicke in das Leben der Soldaten und der römischen Zivilgesellschaft.

Auf die Römer folgten die Alamannen und die Franken, die die Wetterau besiedelten. Im Museum ausgestellte Funde wie eine kostbare Gürtelschnalle aus dem fünften Jahrhundert legen davon Zeugnis ab. Sie führen chronologisch zu den »Glanzstücken des Wetterau-Museums vom Mittelalter bis zur Gegenwart«, die von der staufischen Gründung von Burg und Stadt um 1170 – die erste urkundliche Erwähnung folgte 1210 – durch Friedrich I. Barbarossa bis in die Moderne führen.

Vier detailgetreue Stadtansichten des 16. Jahrhunderts zeigen Panoramen der Stadt, ein Modell der Burg und ein weiteres der Kaiserstraße liefern ganz plastische Eindrücke von den Dimensionen dieser beiden Schauplätze der Geschichte, die geographisch ganz nah beieinander, aber im politischen Willen und Bestreben oft Galaxien voneinander entfernt sein konnten. Denn zwischen Bürgern und Burgmannen gab es oft große Gegensätze und sogar kriegerische Auseinandersetzungen. Weitere Ausstellungsstücke gehen auf die Stadtkirche und die bedeutende jüdische Gemeinde in Friedberg ein. Die »Glanzstücke« des Museums bieten einen Streifzug durch die Epochen und vertiefen dabei einzelne Themen oder Sammlungsbereiche.

Einen festen Platz im Museum haben einige bedeutende Kunstwerke von Hans Arp, Lucio Fontana, Hermann Goepfert und Ernst Wilhelm Nay. Sie würde man zunächst nicht in einem historisch ausgerichteten Museum vermuten. Doch den Nachlass des Friedberger Lyrikers und Essayisten Fritz Usinger, der 1946 den Büchnerpreis erhalten hatte, konnte man schlecht ignorieren.

Sicherlich zu den Höhepunkten des Museums, wenn auch historisch nicht so bedeutend wie andere Ausstellungstücke, ist der Kolonialwarenladen Wagner und Steinhauer im Nachbau. Die Ausstellung »Supermarkt der Jahrhundertwende« informiert anschaulich über die 200-jährige Geschichte des Friedberger Ladens und gewährt Einblicke in die Konsumkultur des 19. und 20. Jahrhunderts. 1792 wurde das Geschäft eröffnet und erweiterte sein Sortiment immer weiter, bis hin zur Kaffeerösterei und zum Tabakgroßhandel. Die ausgestellten Stücke stammen aus einer Schenkung von Anna Steinhauer.

Die Wetterau ohne Landwirtschaft ist undenkbar. So präsentiert die Ausstellung »Von der Sichel zur Dreschmaschine« die Geschichte der ländlichen Arbeitswelt zwischen 1800 und 1959. Dabei steht die Gestaltung des abgedunkelten Raumes mit einem Metallsteg im Kontrast zu den Exponaten, die die rasante Veränderung der Landwirtschaft und die Auswirkungen auf die ländliche Gesellschaft widerspiegeln.

Last not least der King: Elvis Presley bezeichnete seinen Wohnort Bad Nauheim als seine zweite Heimat, doch seinen Militärdienst leistete er in den Ray Barracks im Süden Friedbergs ab. Seit Abzug der Streitkräfte 2007 gab es viele Ideen zur künftigen Nutzung: Die Erweiterung der Technischen Hochschule Mittelhessen, ein umfangreicher Gewerbepark und ein neuer Stadtteil sind nur wenige davon. Letztlich werden nun alle diese Ideen auf den 74 Hektar Fläche verfolgt. Doch es gibt viele Stimmen, die auch Elvis' Erbe berücksichtigt sehen wollen und sich gegen den Abriss einer Holz-

Dominant im Stadtrelief: die Stadtkirche

baracke, in der Presley fünf Nächte lang schlief, wehren. In der Diskussion geht es auch um andere Gebäude auf dem früheren Militärgelände, die eventuell als Elvis-Museum dienen sollen.

Im Wetterau-Museum präsentiert sich die Ausstellung zum »Army Home of Elvis«, Presley diente in Friedberg von Oktober 1958 bis März 1960, seit August 2020 in neuer Konzeption. Zahlreiche Fotos und Textdokumente zeugen von dem Hype, den Presleys Aufenthalt in der Wetterau ausgelöst hatte. Zu den Exponaten gehören eine Postbotenuniform sowie die Lederjacke von Claus Kurt Ilge, der noch heute in der Region lebt und Elvis damals täglich Zeitungsausschnitte über ihn vorbeibrachte.

Gut gefüttert mit vielen Informationen geht es nun um das Museum herum auf den **Stadtkirchenplatz** mit dem namensgebenden Gotteshaus *(für Besucher geöffnet von Oktober bis Palmsonntag Di.–Fr. 14–16.30, Sa. + So. 11–16.30 Uhr, im Sommer Di.–Fr. 14–17, Sa. + So. 11–17 Uhr)*. Wer allerdings möchte, geht noch etwa 50 Meter die Haagstraße hinunter und wirft rechterhand an der **Marienkirche** vorbei einen Blick auf den **Roten Turm**, den letzten erhaltenen Turm der früheren Stadtmauer. Der Sakralbau Stadtkirche ist von seiner Größe her ebenso eindrucksvoll wie harmonisch. Gebaut wurde sie von den Friedberger Bürgern zwischen 1260 und 1410. Ihren Reichtum und ihre zeitweise größere Bedeutung als Frankfurt hatte die Stadt einer Technik zum Bleichen von Tuch zu verdanken. Das »Friedberger Tuch« wurde ab Beginn des 13. Jahrhunderts in alle Welt exportiert.

Die Bürgerschaft wollte ihren Erfolg, aber auch ihre Gottesgläubigkeit nach außen hin zur Schau stellen und begann mit dem Bau einer Kirche mit den Ausmaßen einer Kathedrale, die damals die gesamte Bürgerschaft mit rund 3.000 Köpfen aufnehmen konnte. Deswegen wurde über einem romanischen Vorgängerbau Stück für Stück eine gotische Hallenkirche mit einer Deckenhöhe von 18 Metern errichtet. 1306 war der Chorraum fertig, es folgte Joch für Joch. Der harmonische Gesamteindruck entsteht durch die gleiche Höhe der Mittel- und Seitenschiffe sowie dem Abstand der großen Säulen zueinander.

Ursprünglich sollten die Kirchtürme auf dem letzten Joch, dem heutigen Eingang platziert werden. Sie wurden dann aber doch nach außerhalb verlegt. Der Grund dafür ist unbekannt. Eigentlich sollten auch zwei gleich hohe Türme das Bild der Kirche nach außen prägen, so wie am »Wetterauer Dom«, der Basilika zu Ilbenstadt. Doch es gab wie so oft Streit zwischen Bürgerschaft und Adel. So befürchtete der Adel in der Burg, dass in den massiven Türmen Geschütze gegen die Burg aufgestellt werden könnten. Und so besteht der zweite Turm nach wie vor nur aus der Erdgeschoss-Halle. Der heute zu sehende 62 Meter hohe erste Turm erhielt nur einen verschieferten Fachwerkaufsatz, der keine Geschütze tragen konnte.

Direkt am Eingang befindet sich die einzige Grabplatte, die in der **Stadtkirche »Unserer Lieben Frau«** zu sehen ist, alle anderen hängen an den Kirchenwänden. Es handelt sich um den Grabstein einer unbekannten, aber sicherlich wohlhabenden Familie und stammt aus dem Jahr 1602. Das Gotteshaus wurde als römisch-katholische Kirche mit 13 Seitenaltären aus rotem Sandstein errichtet, der Wechsel zum Protestantismus erfolgte erst mit dem Augsburger Religionsfrieden im Jahr 1555.

Neben einem Taufstein aus dem 12. Jahrhundert und dem Altar, die noch aus dem romanischen Vorgängerbau stammen, ist es vor allem die Fensterkunst, die Besucher des Hauses in ihren Bann ziehen dürfte. Die ältesten Exemplare befinden sich im Chorraum. Die Glasmalereien spiegeln vor allem drei Epochen wider: Gotik, Historismus und Neuzeit (zweite Hälfte des 20. Jahrhunderts).

Fensterkunst in der Stadtkirche

Klassisch muten die drei zentralen Fenster hinter dem Altar (1472–1482) an. Sie wurden zwar bei Restaurierungsarbeiten um 1900 erneuert, doch Maria als zentrale Figur, Christus, der Schmerzensmann und Heilige an ihren Seiten sind weiterhin zu sehen.

Um sie herum gruppiert ist ein farbenprächtiger Bilderzyklus, die Szenen aus dem Neuen Testament abbilden. Die Fenster wurden zur Jahrhundertwende vom Alexander Linnemann und später seinem Sohn Otto geschaffen. Oft sind auch die Spender verewigt, wie man etwa am großherzoglichen hessischen Wappen, einem Hinweis auf Zarin »Alix« Alexandra (dazu später mehr) und auf Kaiser Wilhelm II. erkennen kann. Auch wohlhabende Friedberger Familien spendeten, Lotterien und Versteigerungen von Teilen des Kirchenschatzes trugen dazu bei, die im Mittelalter bunten, aber später durch Verwahrlosung und Zerstörung blankverglasten Fenster zu erneuern und die Kirche wieder zu dem Gesamtkunstwerk zu machen, das sie einstmals war. Denn so entsteht im Inneren bei Sonneneinstrahlung eine bunte Pracht, wie man sie auch von anderen großen Kirchen gewohnt ist.

Äußerst filigran: das Sakramentshaus

Auch Martin Luther und andere Reformatoren sind in einem Fenster aus dem Jahr 1918 auf der linken Seite zu sehen. Friedberg spielte eine wichtige Rolle, als Luther im Frühjahr 1521 als vogelfreier »Junker Jörg« nach dem Wormser Reichstag in die Wartburg bei Eisenach gereist ist. So verfasste Luther in Friedberg, wo er am 28. April 1521 übernachtete, einen Brief an den Kaiser, indem er die Reichstagsereignisse zusammenfasst und auf seine reformierte Position einging. Auch an die deutschen Stände verfasste er ein Schreiben. Eine Rolle bei Luthers Aufenthalt in Friedberg spielt auch das Luther-Schwert, das dem Reichsherold Caspar Sturm zugeschrieben wird und heute im Besitz des Wetterau-Museums ist. Doch um dieses Schwert ranken sich mehr Legenden als gesicherte Wahrheiten. Weitere Fenster wurden zwischen 1960 und 1994 von namhaften Künstlern geschaffen.

Ein weiterer Höhepunkt im Inneren der Kirche ist der Lettner, der im mittleren Teil um 1240 entstand und deswegen dem romanischen Vorgängerbau zuzuordnen ist. Um 1430 wurden Elemente der Gotik hinzugefügt, die den heutigen Gesamteindruck der Wand zwischen Chor und Langhaus vervollkommnen. In diesem Fall aber zwischen Laienraum und Priesterchor. Die Priester vollzogen die Gottesdienste exklusiv, worauf die Stühle an den Sei-

Die Fachwerkhäuser in der Friedberger Altstadt stammen teilweise aus dem 17. Jahrhundert

tenwänden des Chorraums hinweisen. Das Kruzifix oberhalb des Lettners stammt etwa aus dem Jahr 1500. Es hing allerdings bis 1934 in einer anderen Kirche. Auf der linken Seite befindet sich die Friedberger »Lettnermadonna«. Die gotische Skulptur stellt Maria als gekrönte Königin mit Jesus auf dem Arm dar und wurde um 1280 geschaffen.

Als Meisterwerk spätmittelalterlicher Steinmetzkunst gilt das Sakramentshaus mit Verkündigungsengel an der linken Wand des Chorraums. Der Frankfurter Bildhauer Hans von Düren erschuf das äußerst filigrane Werk aus Eifel-Tuff ab 1482. Auf einem sechseckigen Grundriss sind die einzelnen Stränge so kunstreich miteinander verwoben, dass auch ein längerer Blick auf diesen weiteren Höhepunkt der Stadtkirche lohnt.

Nachdem wir die Kirche verlassen haben, wenden wir uns nach rechts der **Altstadt** zu. Wir folgen aber nicht der geradeaus führenden Engelsgasse, sondern der Augustinergasse rechts davon. Fachwerkhäuser prägen nun das Bild, allerdings nicht in einem geschlos-

Modernes in historischer Bausubstanz: das Bibliothekszentrum Klosterbau

senen Ensemble. In diesem Teil der Altstadt waren mehrere Klöster und Ordenshäuser zu finden, das Augustinerkloster (Hausnummer 8) war eines davon. 1581 wurde hier die Lateinschule der Stadt untergebracht, 1697 wurde das mittelalterliche und baufällige Gebäude durch einen Neubau ersetzt. Es folgten weitere Funktionen vor allem als Lehranstalt, bis das Gebäude 1974 kurz vor dem Abriss stand. Ab 1989 wurde das Gebäude umfassend saniert und 1991 als **Bibliothekszentrum Klosterbau** eröffnet *(Mo., Di., Fr. 13–18 Uhr, Do. 9.30–12.30 und 14–19 Uhr, Sa. 10–13 Uhr)*. Damit fand das größte Projekt der Friedberger Altstadtsanierung seinen Abschluss. Im heutigen Gewand zeigt sich eine gelungene Verbindung von historischer Bausubstanz und der Moderne.

Doch für die Stadt bleibt viel zu tun, wie sich beim weiteren Gang durch die Altstadt zeigt. Am Ende der Augustinergasse biegen wir in der Usagasse links ab und gelangen auf den sogenannten **Fünf-Finger-Platz**, dessen Bezeichnung sich durch die fünf von hier abgehenden Gassen und Straßen ergibt. Trotz zahlreicher Anreizprogramme und eines Quartiersmanagements ist es bislang noch nicht gelungen, die meist privaten Besitzer der hier befindlichen Häuser zu Sanierungen zu überreden. Das Viertel ist heute multikulturell geprägt, wie sich auch anhand der Geschäfte und der Gastronomie ablesen lässt.

Blick in die Tiefe: das historische Judenbad

Wir betreten von hier aus die Judengasse, die mit dem Judenplacken und weiteren Gassen vom Rest der Stadt abgetrennt war, und gelangen zu einem weiteren Höhepunkt der Friedberger Stadtgeschichte. Denn im Haus mit der Nummer 20 befindet sich eines der letzten erhaltenen mittelalterlichen **Judenbäder** (Mikwe) in Europa. Und dieses gilt als das eindrucksvollste *(Öffnungszeiten: Di. – Fr. 9 – 12 und 14 – 17 Uhr, Sa. 14 – 17 Uhr, So. 10 – 12 und 14 – 17 Uhr, Eintrittspreis: regulär 2 Euro, ermäßigt 1 Euro).*

Die jüdische Gemeinde lebte 700 Jahre (1242 bis 1942) im Schutze der Burg, sie stellte zeitweise mindestens ein Drittel der Bewohner Friedbergs. Falls die Tore zum Viertel gestürmt wurden, konnten sich die Juden über eine Brücke in die Burg retten. Da Juden keine Handwerker sein durften, wurde das Bad um 1260 von christlichen Baumeistern errichtet. Vermutlich handelt es sich um die gleichen, die auch mit dem Bau der Stadtkirche beauftragt waren. Doch diese hatten viel zu tun. Da die Stadt Friedberg auf einem Basaltrücken liegt, stießen sie erst in einer Tiefe von 25 Metern auf Grundwasser.

Grundsatz des rituellen jüdischen Bades für Frauen vor der Hochzeit, nach Geburt und nach ihrem Monatsfluss sowie vor hohen jüdischen Feiertagen war, dass das Wasser fließend sein muss und vor der Reinigung nicht durch Menschenhand berührt worden sein darf. In Frage kamen also nur Regen-, Fluss-, Quell- oder Grundwasser. Für Männer waren die Reinigungen vor dem Sabbat und anderen hohen Feiertagen empfohlen. Ein dreimaliges vollständiges Untertauchen galt als Voraussetzung dafür, wieder Reinheit zu erlangen. Das galt auch für als unrein geltende Gegenstände.

Rund 100 Jahre sollen benötigt worden sein, bis man auf Grundwasser stieß. Dies erklärt auch die erste urkundliche Erwähnung der Mikwe im Jahr 1350. Im Eingangsbereich des Gebäudes über der Mikwe, das erst 1903 erbaut wurde, zeugen Zeitdokumente von der Geschichte der jüdischen Gemeinde in Friedberg. Zu sehen sind die 1939 gesprengte Synagoge und eine Thorakrone aus dem 18. Jahrhundert. Gedenktafeln weisen auf gefallene Friedberger Juden im Ersten Weltkrieg hin. Auch dem »Diamantenkönig« Sir Ernest Oppenheimer ist eine Tafel gewidmet. Eine weitere Tafel schildert das Schicksal der Friedberger Juden im Nationalsozialismus.

Dass das Judenbad diese Zeit überstanden hat, ist der Legende nach dem damaligen SA-Ortsvorsteher von Ossenheim zu verdanken. Der habe Leute vor die Mikwe gestellt, die der von außerhalb anrückenden SA erklären sollten, dass das Bad zwar von Juden genutzt, aber von Christen erbaut worden sei. Deswegen seien die Truppen wieder abgezogen.

Um nun zum Wasser mit etwa 7 bis 10 Grad Temperatur zu gelangen, muss man 72 Stufen bei spärlichem Licht hinabsteigen. Bereits von oben ist zu erkennen, mit welcher Mühe die damaligen Baumeister das Werk erschufen. Sieben Treppenabsätze mit jeweils zehn Stufen (nach den zehn Geboten) führen in die Tiefe. Um den gewaltigen Erddruck aufzunehmen, ruht die Treppenanlage auf weiten Halbbögen, die von Säulen und an den Wänden von Konsolen und Eckdiensten getragen werden. Die geschmückten Säulen, Kapitelle, Basen, aber auch Halbbögen und Quadermauerwerk sind aus rotem Bellmuther Sandstein gearbeitet, aus dem auch die Stadtkirche besteht.

Bis zu fünf Meter hoch steht das Wasser im Becken. Durch das grünlich schimmernde Wasser lässt sich der nur roh behauene felsige

Der Synagogen-Platz wurde bewusst leer fast gelassen

Grund erkennen. Bei hohem Wasserstand sind beide unteren Treppenläufe fast vollständig bedeckt. Noch beim Wiederaufstieg begleitet einen die mystische Atmosphäre, die diesen Ort umgibt.

Während die Aufzeichnungen der jüdischen Gemeinde, die in Friedberg neben der Mikwe auch eine Synagoge und eine bedeutende Rabbinerschule unterhielten, noch fast vollständig erhalten sind, ist die Mikwe heute das einzige bauliche Überbleibsel. Etwa 50 Meter weiter entlang der Judengasse stoßen wir auf den einstigen **Platz der Synagoge**, der nach dem Zweiten Weltkrieg leer blieb. Erst 1995 wurde er umgestaltet und neu eingeweiht. Die Leere wurde bewusst nicht gefüllt. Prof. Peter Schubert wollte somit dem Gedenken freien Raum geben, indem er nur Teile der Fassadengliederung und ausgewählte Details der architektonischen Gestaltung der alten Synagoge aufnahm. Auf dem Platz befinden sich heute Tafeln mit den Namen der 1942 aus Friedberg deportierten Juden.

Wir wenden uns nach links und betreten die Kaiserstraße. Aber nur, um ihr nach rechts in Richtung **Burg** zu folgen. Bevor wir die

Welch beträchtliche Dimensionen die Friedberger Burg aufweist, kann man bereits beim Betreten erahnen

Brücke zur Burg betreten, kommen wir noch am 1837 gegründeten früheren Priesterseminar, der Ausbildungsstätte für alle Priester der evangelischen Landeskirche in Hessen, vorbei. Das Seminar hatte zunächst seinen Sitz in der Burg, zog in den 1840er Jahren in den Neubau zwischen Burg und Stadt um. Auf dem zuvor freien Platz empfingen seit 1455 die neuen Burggrafen ihre Huldigung. Heute befindet sich in dem Bau das Zentrum Seelsorge und Beratung der Evangelischen Kirche in Hessen und Nassau.

Mehr einem befestigten Ort als einer Burg gleicht der wehrhafte Komplex, den wir nun über die Brücke des Hirschgrabens betreten. Kein Wunder, lebten hier zeitweise tatsächlich mehrere Hundert Menschen. Denn die Herrschaftsstruktur war eine ungewöhnliche, und das bereits erstmals 1216 in Verbindung mit dem Namen Giselbert urkundlich erwähnt. Gleichzeitig gilt dieses Jahr auch als Gründungsdatum der Stadt, auch wenn diese eigentlich viel älter ist. Zunächst durch den König eingesetzt, hielt spätestens 1285 eine andere Tradition Einzug: Rund 100 Burgmannen und ihre Gefolge machten einen großen Teil der Bewohnerschaft aus. Gemeinsam besetzten sie im genossenschaftlichen Prinzip das Entscheidungsgremium, »das große Burgverbot«. Die Mitglieder wählten etwa ab der Mitte des 14. Jahrhunderts aus ihren Reihen zehn Vertreter zum Burgregiment und einen zum Burggrafen samt zweier Stellvertreter. Ab 1491 wurde der Burggraf aus diesem kleineren Regiment heraus gewählt.

Aus diesem Grund sind beim folgenden Rundgang auch viele verschiedene Wappen auf Gebäuden zu finden. Denn der Burggraf wurde zwar auf Lebenszeit gewählt, doch eine Erbfolge gab es nicht, so dass die Macht nach dem Ableben des Grafen in andere Familien überging. Erst mit dem Tod des letzten Burggrafen Clemens August von Westphalen im Jahre 1817 ging die Burg an den Großherzog von Hessen-Darmstadt. Über die Jahrhunderte finden sich viele Namen, die auf lokale Herrscher niederen Ranges hinwiesen und auch heute noch in Ortsnamen zu finden sind: Kransberg, Carben, Cleen, Büches, Bellersheim, Fauerbach, Steinfurth und weitere. Der Burggraf war militärischer Kommandant, oberster Repräsentant und Richter. Dies auch für die Reichsstadt, was über die Jahrhunderte hinweg immer wieder zu Streit und Auseinandersetzungen führte und sogar zur völligen Zerstörung der Burg im Jahre 1275.

Doch Burg, vollständig »Kayserliche und des Heiligen Reichs Burg Friedberg«, und Stadt waren untrennbar miteinander verbunden. Sie wurden unter Friedrich I. Barbarossa und Friedrich II. als Einheit konzipiert, Militär und Politik auf der einen Seite, Handel und Markt auf der anderen. Beide Teile unterstanden direkt dem Kaiser. Im 14. bis 16. Jahrhundert erlebten Burg und Stadt ihre Blütezeit. Eine reichsweite Wirtschaftskrise führte zu einer immer größeren Abhängigkeit der Stadt von der Burg. Doch spätestens im Dreißigjährigen Krieg war auch hier die Blüte vorbei. Die Zahl der Burgmannen schrumpfte zusehends, die Befestigungsanlagen waren veraltet, so dass Angreifern meist Tür und Tor geöffnet wurden, die daraufhin besetzten, plünderten und Soldaten einquartierten. Es folgten weitere Krisen und Kriege, so dass Stadt und Burg zum Ende

Früher Burgkanzlei, heute ein Gymnasium mitten in der Friedberger Burg

des Alten Reiches 1806 hoch verschuldet waren. 1918 fiel die gesamte Burganlage an die Stadt Friedberg.

Von der 1792 als Steinbau und Ersatz für eine hölzerne Zugbrücke errichteten **Brücke** lohnt ein Blick nach links und rechts über den Hirschgraben und die Streichwehren sowie nach links über die Straße hinweg zum »Dicken Turm«. Als Bollwerk wurde dieser wuchtige Turm mit drei Geschossen versehen. Erbaut wurde er zwischen 1492 und 1500. Durch das mächtige um 1500 errichtete Südtor zur Stadt mit Wappen der Burg hindurch, vorbei an den beiden Ringmauern aus dem 14. bis 16. Jahrhundert und einem Zwinger kann der Besucher gleich einen Einblick vom früheren Leben, aber auch auf die heutige Nutzung der Anlage erhalten. Eine zentrale Straße, die sich platzartig ausweitet, führt mittig durch die Burg. Direkt links befindet sich zunächst ein barockes Wachhaus (heute wie der Torbau von einer Burschenschaft genutzt), daran schließt sich beginnend mit der früheren Burgkanzlei mit Sitz der Burgbaumeister und der Münze das heutige **Burggymnasium** an, das die westliche Seite der Anlage dominiert. Im weiteren Verlauf folgen frühere Burgmannenhäuser. Rechts sieht man zunächst das ehemalige Burgrentamt, diesem folgen der frühere Sitz des Burggrafen, die Burgkirche und Privathäuser.

Schon die historischen Bauten fallen durch ihre unterschiedlichen Baustile, abhängig von ihrem Errichtungsdatum auf. Doch bemerkt man schnell, dass auch die heutige Burg noch steten Veränderungen unterworfen ist. Sehr zum Leidwesen so mancher Friedberger, die gerne die noch erhaltenen historischen Gebäude stärker im Fokus sehen wollten. Sie bezeichnen etwa die in den 1960er Jahren errichtete Turnhalle des Burggymnasiums als »historische Bausünde«, ein weiteres modernes Schulgebäude kam 2009/2010 hinzu. Immerhin hatte der Bau der Turnhalle zu einer Entdeckung geführt. Denn während der Bauarbeiten stieß man auf die Fundamente einer **römischen Badeanlage** aus dem 2. Jahrhundert (zugänglich im Rahmen von Stadtführungen).

Große Proteste gab es auch, als die Stadt Pläne offenbarte, neue Wohnhäuser, ein neues Studentenheim und Studentenwohnungen im Feldwebelbau für die rasant wachsende Zweigstelle der Technischen Hochschule Mittelhessen errichten zu lassen. Beim ersten Spatenstich im April 2018 kam es deswegen nicht nur zu Protesten durch Bürger. Auch Bürgermeister Dirk Antkowiak (CDU) verzichtete auf seine Grußworte. Denn der Magistrat der Stadt hatte dem Projekt keine Zustimmung erteilt, sie plädierte für einen anderen Standort. Doch die Kreisverwaltung hatte die fehlende städtische Zustimmung ersetzt.

Gegenüber dem Wachhaus ist die frühere Burgrentei zu erblicken, die 1696 erbaut wurde und auf Vorgänger-Fundamenten beruht. Heute sind hier ein Unternehmen und die Kreisbildstelle des Wetteraukreises untergebracht. Angrenzend an den Schulhof des Burggymnasiums stößt man auf einen dreiseitigen Fachwerkbau aus der Mitte des 16. Jahrhunderts. 1617 wurden die ehemals zwei Burgmannenhäuser durch einen Mittelbau zusammengefügt.

Wir gelangen zum Zentrum der Burg mit großer Freifläche (heute als Parkplatz genutzt) und dem **Sankt-Georgs-Brunnen** aus dem Jahr 1738, der dem Schutzheiligen der Burg gewidmet ist. Der Nauheimer Baumeister Johann Philipp Wörrishöfer zeichnete für den

Der Sankt-Georgs-Brunnen im Zentrum der Burg

Bau des Brunnens verantwortlich, die Figur der Heiligen Georg ist ein Werk des Mainzer Bildhauers Burkhard Zamels. Seit 1977 steht das Original im Wetterau-Museum und wurde am Standort durch eine Kopie ersetzt. Wie an vielen anderen Stellen innerhalb der Burg hat sich der damalige Burggraf mit seinem Wappen verewigt, im Falle des Brunnens war das Herrmann Riedesel Freiherr zu Eisenbach. Ebenfalls zu sehen sind die Wappen der Mitglieder der zwölfköpfigen Burgregierung.

In einem abgetrennten Bereich mitten in der Burg befand sich das Herzstück der weltlichen Regierung, der **Burggrafensitz**. 1604 bis 1610 ließ der Burggraf Johann Eberhard von Cronberg das Herrenhaus errichten und verlegte damit den Sitz der Burggrafen vom südlichen Teil der Burg ins Zentrum. Der Längsbau weist drei Flügel auf, die Giebel sind mit Voluten und Hörnern repräsentative Elemente der Hochrenaissance. 1698 erwarb die Burgregierung das Gebäude, um es zum dauerhaften Sitz des jeweiligen Burggrafen zu machen. Mitte des 18. Jahrhunderts erhielt es einen weiteren Anbau auf der rechten Seite.

Repräsentativ: der Burggrafensitz: Heute ist darin das Finanzamt untergebracht

Nachdem die Burg an das Großherzogtum Hessen gefallen war, ließ Großherzig Ludwig III. das Gebäude zu seiner Sommerresidenz umbauen. Später erhielt es eine repräsentativere Front zur Burggarten-Seite hin. Als die letzte russische Zarin Alexandra, genannt »Alix«, eine Schwester des Großherzogs Ernst Ludwig, 1910 zum Kuraufenthalt in Bad Nauheim weilte, waren ihre Familie und der gesamte Hofstaat hier zu Gast. 1921 zog das Kreisamt hier ein, 1956 Behörden des Landes. 1990 sorgte ein Brand für großflächige Zerstörungen, von der Inneneinrichtung blieb kaum etwas erhalten. 1997 wurde der Wiederaufbau abgeschlossen, seitdem hat das **Finanzamt Friedberg** hier einen Sitz.

Vervollständigt wird das Ensemble durch den Kavalierbau im linken vorderen Bereich des abgetrennten Areals, das Deutschordenshaus in linken Anschluss an das Schloss, den Marstall und die Scheune im rechten Bereich des Hofes sowie den Feldwebelbau. Zurück auf der zentralen Straße fällt nun der Blick auf die **Burgkirche**. Nachdem die Burg 1918 an die Stadt gefallen war, wurde sie mitsamt der Vorstadt zum Garten westlich unterhalb der Burg wie ein

2007 bis 2009 umfangreich renoviert: die Burgkirche

eigener Stadtteil behandelt und erhielt auch eine eigene Pfarrei. Doch die Geschichte der Burgkirche reicht weiter zurück. So wird erstmals 1245 eine Kapelle erwähnt, ein schlichter dreischiffiger Bau wird 1306 erstmals genannt und 1782 abgerissen. In den nächsten 25 Jahren, wegen Geldmangels und konfessioneller Streitigkeiten wurden die Arbeiten immer wieder unterbrochen, wurde die neue Burgkirche als frühklassizistischer Querbau mit griechisch-kreuzförmigen Grundriss und quadratischem Turm errichtet. Oberhalb des Eingangsportals ist das Wappen des Burggrafen Johann Maria Rudolf Reichsgraf Waldbott von Bassenheim und seiner Burgbaumeister zu erblicken.

2007 bis 2009 wurde die Kirche zum 200-jährigen Bestehen umfangreich renoviert, dabei erhielt sie auch die taubenblaue Fassadenfarbe, vorher war diese rot. Im Inneren wurde die Stuckdecke saniert. Das Innere der Kirche ist beispielhaft für eine protestantische Predigtkirche. Es wird von der tempelartigen Fassade samt Empore und Orgel dominiert. Die Orgelempore wird von dorischen Säulen getragen.

Weiter entlang der zentralen Straße gelangt man nun zu einer größeren Ansammlung von **Burgmannenhäusern**, teilweise gingen modernere Gebäude aus diesen älteren Gebäuden hervor. Hierzu gehören das alte Burgpfarrhaus, das Burgmannenhaus Brendel zu Homburg und der Burgmannenhof der Freiherren Löw zu Stein-

Ein Blick vom Zugang des Adolfsturmes über Burgmannenhäuser zur Burgkirche

furth. Auch der Essayist, Dichter und Kunstsammler Dr. Fritz Usinger (1895–1982) wohnte in diesem Teil der Burg. Rechts der Straße findet sich mit dem Burgmannenhaus Riedesel von Bellersheim das älteste erhaltene Haus der Burg, datiert auf das Jahr 1553. Das nördlichste Haus auf der rechten Seite ist schließlich der Bünauische Hof aus dem Jahr 1713. Die Häuser sind im Privatbesitz und wie die meisten Gebäude der Burg nicht öffentlich zugänglich.

Das allerdings ist der **Adolfsturm** *(Apr.–Okt. Sa. + So. 14–18 Uhr, Eintrittspreis: regulär 2 Euro, ermäßigt 1 Euro)*. Wenige Burgen im deutschen Sprachraum weisen einen so die umgebende Landschaft beherrschenden Burgfried auf wie die Friedberger Burg. Erbaut wurde er in der Mitte des 14. Jahrhunderts, mit 55 Metern Höhe (mit Wetterfahne 58 Meter) und seinem charakteristischen Umriss gilt er heute als das Wahrzeichen Friedbergs und als eines der Wetterau. Dabei war er bis 1896 gar nicht so eindrucksvoll. Denn erst damals erhielt er im Zuge einer romantisierenden Restaurierung seine Außentürmchen (diese Wichhäuschen hatte er bereits zu einem früheren Zeitpunkt), die ihn zu dem machen, was er heute ist.

Beherrscht die ihn umgebende Landschaft: der Adolfsturm

In den Anfängen der Friedberger Burggeschichte war die Nordseite der Anlage durch steile Hänge, versumpfte Flussmauern und Ringmauern zumindest damals uneinnehmbar. Nur zur Stadt hin gab es deswegen ein Tor und auch einen Bergfried, der heute nicht mehr existiert. Durch die zunehmenden Feindseligkeiten und Auseinandersetzungen mit der Reichsstadt Friedberg, die ja direkt südlich des bis dato einzigen Tores lag, wurde im Norden der Burg ein neuer Zugang errichtet. Dieser wurde durch einen erweiterten Mauerring und Tore geschützt, die drei inneren sind erhalten geblieben. Um wiederum diese Tore zu schützen, wurde ein zweiter Bergfried errichtet, außerhalb der eigentlichen Burgmauern.

Finanziert wurde der Turm aus Lösegeld. Auch wenn es nicht sicher belegt ist, gilt dies bis heute als wahrscheinlich. Denn bei einer Fehde im Jahr 1347 konnten die Friedberger Burgmannen den Grafen Adolf von Nassau-Wiesbaden-Idstein gefangen nehmen. Das Geld für seine Freilassung ermöglichte den Bau des Turmes.

Der Eingang in den Turm war nur über eine Leiter erreichbar, lag er doch in 13 Metern Höhe. Heutige Besucher haben es einfacher, sie können über eine an und auf der Wehrmauer errichtete Steganlage bequem den Eingang erreichen. Danach warten insgesamt

Einen weiteren Zugang bildet die Torburg im Norden der Anlage

150 Stufen darauf, erklommen zu werden, unterbrochen von einem Aufenthaltsraum für die Turmbesatzung, einem Wohnraum für die ständig auf dem Turm wohnenden Wächter und dem unteren Verteidigungsgürtel. Doch das Ende und der Ausblick vom oberen Plateau bis nach Frankfurt, in den Taunus und Vogelsberg entschädigen garantiert für die Mühen des Aufstiegs, dessen letzter Teil über Holztreppen führt. Auch nach unten führen Stufen, allerdings nur zwölf. Dort befindet sich ein Raum mit einer weiteren Öffnung nach unten, dem Mannloch. 13 Meter darunter befindet sich das frühere Verlies. Garantiert ohne Fluchtmöglichkeit.

Für ein großes Spektakel sorgte im Jahr 2011 der Friedberger Jens Eisenkrämer. Am 14. August versammelten sich einige Hundert Menschen rund um den Adolfsturm, um dabei zuzusehen, wie Eisenkrämer das Wetterauer Wahrzeichen erklimmt – von außen. Der damals 31 Jahre alte Freikletterer scheiterte nur knapp an diesem Tag. Zuvor allerdings hatte er es bereits mehrfach geschafft. Die Menge feierte den Friedberger trotzdem gebührend. Von dieser Zeit legt noch heute der Film »Meine innere Stimme« seines Ju-

Ein fast verwunschener Ort: der Burggarten

gendfreundes und Regisseurs Christoph Oliver Strunck Zeugnis ab, der über 72 Minuten nicht nur von diesem für Friedberg spektakulären Ereignis berichtet, sondern auch von Willen und der Leidenschaft, einen Lebenstraum zu verwirklichen. Und vom Mut, auch scheitern zu können (der Film ist erhältlich am Eingangsbereich zum Adolfsturm).

Nun aber raus ins Freie. Denn die Burg besteht nicht nur aus bebautem Raum. Jenseits des Adolfsturms öffnen sich die Tore zum Burggarten *(April bis Oktober 9–20 Uhr, November bis März 9–16.30 Uhr, Mo. geschlossen)* dem einstigen weiträumigen östlichen Zwinger der Burg. Wo einst Geschütze die vermeintlich günstigste Angriffsseite für einen Gegner bestreichen konnten, flaniert man heute in einem fast verwunschenen Garten.

Der **Garten** besteht aus dem einstigen Nutzgarten des Bünauischen Hofes und dem eigentlichen Zwinger, der bereits im 16. Jahrhundert seine Bedeutung als reine Wehranlage verloren hat und in dem der Burggraf Wild halten ließ. 1859 wurden beide Gärten vereinigt. Nach einer umfangreichen Sanierung 2007 bis 2010 wur-

Zugang zum neu gestalteten Garten: Großherzog Ludwig III. ließ seine Sommerresidenz umbauen

de der Garten mit neuem Konzept wiedereröffnet. Heute bietet er Platz für Freiluft-Fotoausstellungen und andere kulturelle Veranstaltungen. Auch durch eine Naturbühne, die über den mittleren der drei Wege zu erreichen ist. Größere Musikveranstaltungen, wie sie vor der Sanierung üblich waren, soll es im neuen Bürgerpark aber nicht mehr geben.

Der äußere Weg an der Ringmauer entlang bietet weitere schöne Ausblicke über die zentrale Wetterau und auch auf das Rosental-Viadukt, in der Region bekannt als die 24 Hallen. Es handelt sich um eine historische Eisenbahnbrücke aus den Jahren 1847 bis 1850. Ihre 24 Bögen überspannen den Fluss Usa in einer Höhe von 16 Metern und auf einer Länge von 275 Metern.

Eine Brücke führt auch vom äußeren Weg zur Rückseite der Burggrafen-Residenz, damals schon Sommerresidenz des Großherzogs Ludwig III. Der ließ den Garten dann auch landschaftsartig umgestalten. Am Ende des Weges durch den Burggarten kann man noch einen Blick auf die Brücke werfen, die die Burg mit dem jüdi-

Geschäftig: Auf der Kaiserstraße ist immer etwas los

schen Viertel verband und als Fluchtweg diente. Von dort lohnt sich auch noch ein Blick über den Hirschgraben.

Über eine kleine Pforte geht es wieder hinaus aus der Burg und auf die Kaiserstraße, seit jeher Herzschlagader der Stadt. Wo sich früher morgens und abends Blechlawinen wälzten, ist es seit der Eröffnung der neuen Bundestraße 3 als Umgehung um die Kreisstadt herum im Jahr 2009 wenigstens etwas ruhiger geworden. Umbaupläne, die eine Verengung der Straße und somit mehr Platz für Fußgänger vorsehen, gibt es seitdem – umgesetzt wurden sie allerdings noch nicht. Traditionsgeschäfte verschwinden nach und nach und machen Filialisten und Billig-Geschäften Platz. Doch noch ist die Mischung als verträglich zu bewerten. Für die Besucher der Stadt sollte dies auch nicht an vorderster Stelle stehen, sollten sie doch lieber den Blick eine Etage nach oben richten. Denn dort eröffnet sich der wahre Glanz der Straße. Fachwerkgebäude, teilweise kunstvoll verziert, wechseln sich mit Repräsentativ-Bauten wie dem Alten Rathaus (Hausnummer 21) ab. Auch das Haus **Zum Eisernen Hut**

Das Alte Rathaus beherbergt heute unter anderem die Volksbühne Friedberg und den Geschichtsverein

(Hausnummer 36) ist vor allem oberhalb des Erdgeschosses interessant. Hier gibt es einen Verweis auf Rudolf Rule, der Notar in der Kanzlei Karls IV. war. Er war unter anderem auf dem Reichstag zu Nürnberg 1355 vertreten. Dort wurde der größte Teil der Goldenen Bulle verfasst, das kaiserliche Gesetzbuch, das bis 1806 als wichtigstes der Grundgesetze im Kaiserreich galt. In dem Haus zum Grünberg mit Nummer 32 soll Martin Luther am 28. April 1521 auf dem Rückweg vom Reichstag in Worms übernachtet haben.

Doch auch ein Blick nach unten wäre lohnenswert. Denn unter der Kaiserstraße liegen Dutzende tiefer Keller. Dabei muss man unterscheiden zwischen den üblichen Hauskellern, die teilweise auch etliche Meter in die Tiefer führen, und den tiefen Kellern, die direkt unter der Straße liegen. Deutungen über Sinn und Zweck dieser Keller gab es viele, von Geheimgängen in Burg und Klöster war immer wieder die Rede. Wahrscheinlicher ist die Lagerung von Lebensmitteln bei gleichbleibenden Temperaturen.

Ort zum Kaffeeplausch mit dem King: der Elvis-Presley-Platz mit entsprechender Fußgängerampel

Bereits in den 1930er Jahren und nochmals 1973 wurden zahlreiche dieser Keller verfüllt, um dem zunehmenden Verkehr auf der Kaiserstraße, damals noch Bundesstraße 3, Rechnung zu tragen. Doch alle Keller wurden wohl nicht gefunden, wie der Einsturz des Hauses mit der Nummer 70 im Jahr 2000 zeigte.

Auf der Kaiserstraße finden sich auch zahlreiche Gaststätten unterschiedlicher Couleur, die zum kulinarischen Abschluss des Rundgangs einladen. Wer es hessisch und/oder traditionell mag, ist im **Friedberger Brauhaus** und im Gasthaus **Die Dunkel** richtig, aber auch alle anderen Vorlieben werden bedient. Ebenso laden die zahlreichen Cafés zur Einkehr ein. Wer es etwas ruhiger mag, biegt an der Ecke zur Wolfengasse (vor dem Elvis-Presley-Platz, hier einmal auf die Zeichen der Fußgängerampel achten) nach links und vor der Stadtkirche rechts ab und kann es sich im **Café Novum** nahe dem Ausgangspunkt der Tour gemütlich machen. Einen empfehlenswerten Italiener gibt es mit der **Pizzeria Reggio** etwa 50 Meter weiter in der Färbergasse.

Veranstaltungen

Herbstmarkt: Mitte September lockt der größte Jahrmarkt der Wetterau auf die Seewiese unterhalb der Stadt. Fahrgeschäfte, ein großes Bierzelt und Tierschauen locken von Freitag bis Dienstag Hunderttausende auf das große Freigelände

Stadtfest: Seit 2019 mit neuem Konzept steigt die Fete vom Elvis-Presley- bis zum Stadtkirchenplatz mit viel Musik. Ein Wochenende Anfang Juli

Elvis Weekend: Kleiner als in der Nachbarstadt Bad Nauheim huldigt auch Friedberg am Wochenende rund um den Todestag von Elvis Presley (16. August 1977) den King of Rock'n'Roll mit viel Musik, Führungen und Ausstellungen (www.elvis-presley-verein-bad-nauheim-friedberg.de)

Seitensprung – Ockstadt

Zur Kirschblüte in Ockstadt

Der Friedberger Stadtteil Ockstadt hat seinen ganz eigenen Flair. Ein Ockstädter ist zunächst einmal ein Ockstädter und höchstens in zweiter Linie Friedberger. Stolz sind die Ockstädter auch auf ihre landwirtschaftlichen Produkte, allen voran ihre Kirschen. Das zweitgrößte Kirschen-Anbaugebiet Hessens exportiert nahezu in alle Welt, veredelt die Produkte aber auch selbst, meist in flüssiger Form. Die Kirschblüte stellt dabei ein besonderes Ereignis dar: Wenn der Kirschenberg in voller Blüte steht, kommen Besucher aus Nah und Fern, um diese besondere Atmosphäre zu genießen.

Strecke: ca. 2,6 Kilometer, Feldwege, leichte Aufstiege (Wanderung beliebig erweiterbar)
Dauer: ca. 1,5 Stunden

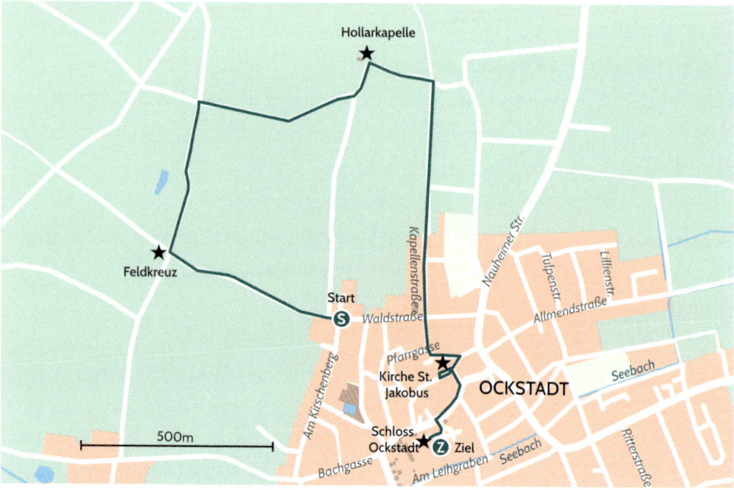

Das Feldkreuz erwartet Kirschblütenwanderer nach dem ersten kurzen Anstieg

Start: Waldstraße (kostenfreie Parkplätze vorhanden), erreichbar vom Bahnhof Friedberg zur Haltestelle Ockstadt-Waldstraße mit der Linie FB-32

Alljährlich etwa Mitte April erstrahlt der **Ockstädter Kirschenberg** ganz in Weiß: Rund 42.000 Kirschenbäume stehen dann rund um das Dorf in voller Blüte. Etwa 50 Kirschenbauern pflegen ihre Bäume noch im Nebenerwerb, insgesamt befinden sich die Bäume im Besitz von rund 500 Eigentümern. Zur Blüte lädt der Obst- und Gartenbauverein Ockstadt zu einer geführten Wanderung ein, die Wissenswertes über den An-

Wunderschöne Perspektiven bieten sich vom Ockstädter Kirschenberg

bau vermittelt (der genaue Termin wird etwa zwei Wochen vorher unter der-ockschter.de bekanntgegeben).

Doch auf eigene Faust sind an diesem Sonntag und anderen Tagen drumherum ebenfalls viele Wanderer unterwegs, um den Kirschenberg zu erkunden. Führung und Wanderungen beginnen am oberen Ende der Waldstraße. Von dort geht es zunächst etwa 450 Meter bergauf bis zu einem **Feldkreuz**. Zu welchem Zweck es errichtet wurde, wird schnell anhand der Inschrift deutlich: »Vor Blitz und Ungewitter – bewahre uns, o Herr«. Alljährlich bangen die Obstbauern und hoffen darauf, dass Wetterunbilden wie Gewitter und Frost ausbleiben, um eine reiche Ernte zu garantieren.

Nun biegen wir nach rechts ab und nach 400 Metern wieder rechts den Berg hinab. Hier stehen die Bäume in Reih und Glied und vermitteln ein fantastisches Panorama auf Ockstadt mit der Kirche St. Jakobus und Friedberg mit seiner markanten Stadtkirche und Burg. Wir folgen leichten Linkskurven und gelangen zur **Hollarkapelle.** Hollar ist eine frühere Siedlung vermutlich germanischen Ursprungs, die erstmals 817 erwähnt wurde. Bekannt wurde sie im Mittelalter durch den dort betriebenen Weinanbau. In Zeiten kriegerischer Auseinandersetzungen verließen immer mehr

Bewohner ihr Dorf und suchten Schutz in Ockstadt. Nur Reste der Kapelle blieben erhalten. Unter Friedrich Gottfried von Franckenstein wurden diese Reste 1722 zum Wiederaufbau benutzt. 1931 und 1966 erfolgten aufwändige Restaurierungen, um die Kapelle vor dem kompletten Verfall zu schützen. Auch in den Folgejahren wurde mit viel Geld und Eigenleistung der Ockstädter immer wieder an der Kapelle gearbeitet. Die Kapelle ist schlicht, ein Blick ins 2001 renovierte Innere mit Holzaltar und Madonna lohnt trotzdem. Ein Förderverein will den Platz rund um die Kapelle durch eine Tribüne und einen gepflasterten Platz aufwerten und hier weitere Veranstaltungen anbieten, um diesen Ort mehr in den Fokus des Interesses zu rücken.

Für die Wandernden willkommen ist an dieser Stelle das kleine Fest, das sich hier am Kirschblütentag abspielt. Musik, Speisen und Getränke laden zur Rast ein, bevor es auf den Rückweg ins Kir-

Nur noch die alte Kapelle erinnert an die frühere Siedlung Hollar

Für eine kleine Gemeinde groß dimensioniert: die Kirche St. Jacobus

schendorf geht. Für rund 200 Meter geht es weiter bergab, bevor wir nach rechts abbiegen und geradeaus auf Ockstadt zulaufen. Im Dorf folgen wir der Kapellenstraße, biegen nach links in die Pfarrgasse ein, dann wieder rechts in die Borngasse und landen auf dem Platz vor der **Kirche St. Jakobus**. Im Mittelalter bestand hier wohl eine Station des Jakobsweges, der vom nördlichen Thüringen über Le Puy in Frankreich nach Santiago de Compostela in Spanien führte. Die Reformation spielte in Ockstadt kaum eine Rolle, auch heute noch ist die Kirche katholisch.

Für ein Dorf wie Ockstadt hat die Kirche mit Chor, Querschiff und ihren beiden Türmen im barocken Stil beachtliche Ausmaße. Es handelt sich um die dritte Pfarrkirche von Ockstadt, die 1909/1910 errichtet wurde. Das Innere sticht vor allem durch Stilelemente des Barock und Rokoko sowie die 1978 eingebaute Orgel hervor.

Nach Verlassen der Kirche folgen wir dem kleinen Seitenweg der Borngasse auf die Bachgasse, biegen dort nach rechts ab und

Barock und Rokoko erstrahlen im Inneren der Kirche St. Jacobus

stoßen linkerhand auf die Mauern und Rundtürme des **Schlosses Ockstadt**. Vor dem ersten Turm biegen wir links in das Innere von Schloss Frankenstein ab.

Über die Entstehungsgeschichte des Schlosses ist nur wenig bekannt, vermutlich wurde die erste Feste von den Herren von Eppstein im 13. Jahrhundert erbaut. Vor 1495 ließ Gottfried von Cleen vermutlich eine neue Burg errichten. 1522 fiel die Burg dann an das Geschlecht von Frankenstein zu Sachsenhausen. Im ersten Drittel des 18. Jahrhunderts erfolgten zahlreiche Umbauten, das langgestreckte Wohnhaus und Wirtschaftsbauten entstanden. 1806 fiel der Besitz dem Großherzogtum Hessen zu. 1976 wurde die Anlage an Privat verkauft und in den Folgejahren saniert.

Das Areal ist fast rechteckig geschnitten und weist eine Größe von 140 mal 80 Metern auf. Gegliedert ist sie in eine kleinere Vorburg im vorderen und eine Hauptburg im hinteren Bereich. Dort befinden sich auch ein zentral gelegener freistehender Rundturm und ein

Turmstumpf, die auf eine ältere Burg hinweisen. Rechts vor dem Schlossgebäude befindet sich ein Brauhaus.

Wer nun Hunger und Durst hat, findet gegenüber dem Schlosseingang ein indisches und ein italienisches Restaurant. Zum Abschluss des Kirschblütentages passt aber auch ein Ausflug in die Straußenwirtschaft **Zum Gerippte** in einer alten Fachwerk-Hofreite mit Innenhof (zwischen den beiden Restaurants in die Borngasse abbiegen und dem Straßenverlauf 100 Meter folgen, www.zumgerippte.de). Im Shop gibt es regionale Produkte. Weitere Hofläden gibt es in der Borngasse 10 (**Gambacher Hofladen**), bei **Weidmann & Groh** in der Ober-Wöllstadter Straße 3 (Apfelweine, Brände, Liköre und mehr aus eigener Herstellung) sowie bei **Heinz J. Mörler** und im **Obsthof Gröninger** weiter die Ober-Wöllstädter Straße entlang. Auch auf der Ausgangsstraße Richtung Rosbach kurz vor der Bundesstraße 455 befindet sich mit dem **Mörlerhof** ein Laden mit frischen Produkten. So kann man den Ausflug auch mit einem Korb frischer Lebensmittel beenden.

Früher wehrhaft, heute repräsentativ: das Schloss in Ockstadt

Bade
haus 6

2 – Salz, Kaiserinnen und Rock'n'Roll

Salz, Kaiserinnen und Rock'n'Roll

Ein Spaziergang durch das einstige Weltbad Bad Nauheim

Die Bad Nauheimer wohnen gerne in ihrer Stadt, die sich rund 30 Kilometer nördlich von Frankfurt befindet und an den Ausläufern des Taunus von einer guten Luft und mildem Klima profitiert. Umgeben von einer historisch bedeutenden und zugleich reizvollen Landschaft, befinden sich hier einige Schätze architektonischer und gartenbaulicher Art.

Dieser Spaziergang beginnt bei den markanten **Gradierwerken** und führt in das grüne Herz der Stadt, die weitläufigen **Parkanlagen**, die zu den größten Europas gehören und vor gut 150 Jahren von Heinrich Siesmeyer zu einer optimalen Erholung angelegt wurden. Der große **Kurpark**, einer der Hauptattraktionen der Landesgartenschau 2010, lädt zu rekreativen Spaziergängen, Sport in vielen Facetten und zur Entspannung in den gastronomischen Angeboten

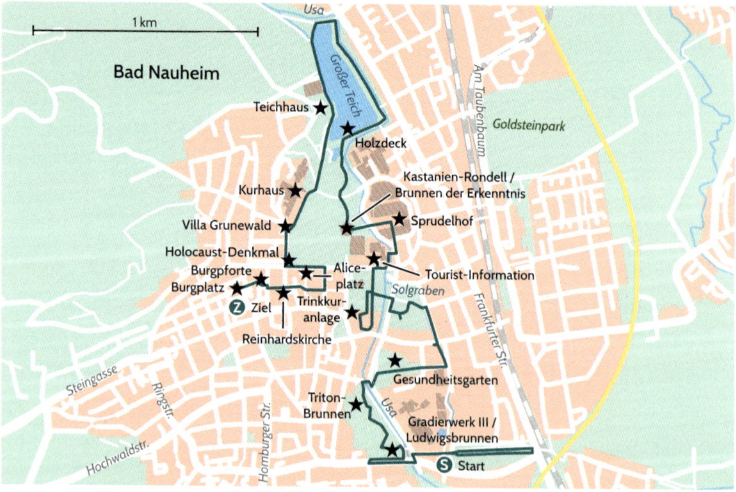

ein. Nach einem Streifzug durch die Innenstadt kann man die Tour mit einem reichhaltigen kulinarischen Angebot beenden.

Wasser anderer Art steht im **Sprudelhof**, einem weiteren Anziehungspunkt der Stadt, im Vordergrund. Rund um den großen Sprudel, der seit seinem Ausbruch im Jahr 1846 (das »Nauheimer Weihnachtswunder«) minütlich große Mengen an heilendem und mit Mineralien durchsetztem Wasser aus den Tiefen der Erde an die Oberfläche bringt, wurde vor gut 110 Jahren der Sprudelhof mit seinen Badehäusern errichtet. Heute gilt die Anlage als größter zusammenhängender Einzelkomplex des Jugendstils.

Erholung im Grünen, vielfältige Freizeit- und Sportangebote, eine gastronomische Wohlfühlatmosphäre, gute Einkaufsmöglichkeiten, Medizin der Spitzenklasse, ein breites Spektrum an Veranstaltungen durch das ganze Jahr hindurch, religiöse Offenheit und freundliche Bürger prägen heute die Stadt. Und natürlich Elvis Presley, dem Sie auch heute noch an verschiedenen Orten der Stadt begegnen können.

Dauer: ca. 3,5 Stunden (ohne Extra-Touren ca. 2,5 Stunden)
Strecke: 8 Kilometer (ohne Extra-Touren etwa 5,6 Kilometer)
Start: Schwalheimer Straße (Parkdeck)
ÖPNV: Die Buslinie FB-11 (z.B. vom Bahnhof) hält direkt am Startpunkt, Haltestelle Schwalheimer Straße

Direkt zu Beginn der Tour ist die erste Entscheidung zu treffen: Will man die **Lange Wand**, die Gradierbauten IV und V samt Windmühlenturm, erkunden (Extra-Tour I, Hin-, Rückweg und Umrundung etwa ein Kilometer) oder reicht der Besuch des **Gradierbaus III** (und weiterer) auf der durchaus langen Tour aus? Option 1 führt vom Parkdeck Schwalheimer Straße sanft bergauf, Option 2 in die gegensätzliche Richtung.

Die Lange Wand mit ihren rund 330 Metern Länge ist ein beeindruckendes Beispiel für die Handwerkskunst des 18. Jahrhunderts. 23 dieser Werke wurden unter der Ägide des Kasselschen Bergrats und späteren Ministers Waitz von Eschen von 1717 bis 1740 zwi-

Beeindruckendes Beispiel für die Handwerkskunst des 18. Jahrhunderts: die Lange Wand mit Windmühlenturm

schen der Schwalheimer Straße und der heutigen Baustelle für das neue Thermalbad im Sprudelhof angelegt. Fünf von ihnen sind heute noch erhalten oder wie die Lange Wand nach historischem Vorbild rekonstruiert. Sie weisen eine Gesamtlänge von 650 Metern aus und sind die ältesten und zweitlängsten Gradierbauten in Deutschland.

Zusammen mit anderen Bauten wie Teichen, Solebecken und -graben, Wasserrädern, Siedehäuser und mehreren Hundert Meter langen Pumpgestängen (eines davon mit 886 Metern Länge ist am Großen Wasserrad im Stadtteil Schwalheim zu sehen) war es ein großer, aber auch profitabler Aufwand, um Salz zu gewinnen. Heute ist das in Bad Nauheim nicht mehr der Fall, 1959 wurde die Salzgewinnung aufgegeben. Trotzdem ist die Instandhaltung der Gradierwerke, die in regelmäßigen Abständen neue Befüllungen durch Schwarzdorn und auch Holzaustausch erfordern, noch immer eine teure Angelegenheit. So helfen oft private Initiativen dabei, die er-

Regelmäßig muss der Schwarzdorn in den Gradierwerken ausgetauscht werden – eine teure Angelegenheit

forderlichen Mittel zu generieren, um die Renovierung zu ermöglichen. Der touristische Nutzen ist jedoch unumstritten.

Exkurs: Von den Kelten zur Gesundheitsstadt
Die Geschichte Bad Nauheims ist eng mit der Salzgewinnung verbunden. Bereits um 400 v. Chr. waren es die Kelten, die hier aus natürlichen Solequellen entlang der Usa das »weiße Gold« produzierten. Sie legten Siedeöfen an, um von hier aus die größeren Ansiedlungen bei Oberursel und bei Biebertal zu versorgen. Ausgrabungen seit dem Jahr 1995 legten die bislang größte keltische Salzgewinnungs-Anlage der Kelten in Europa frei.

Dies geschah bis zum Auftauchen der Römer, die etwa zur Zeit um Christi Geburt in der Region ankamen und in unmittelbarer Nähe zur Stadt den Limes-Grenzwall errichteten und die Wetterau in einen germanischen und einen römischen Teil trennten. Im siebten Jahrhundert nahmen die Franken die Salzgewinnung wieder auf, gut 1.000 Jahre später gehört Nauheim zu den ersten mitteleuropäischen Siedlungen, die über die wirksame Gradiermethode mit Schwarzdorn verfügen. In der Folgezeit wird die Salzproduktion weiter ausgebaut.

Nach ersten Bohrungen im Jahr 1816 beginnt die Entwicklung zum Heilbad. Die Heilkraft des Solewassers wird erkannt, 1835 eröffnet die erste Solebadeanstalt. In der Nacht vom 21. auf den 22. Dezember 1846 bricht nach vielen Bohrungen und der Aufgabe des Projekts doch noch der Große Sprudel im heutigen Sprudelhof aus. Nauheim wird 1854 zur Stadt und erhält 1869 die Bezeichnung »Bad«.

Im Übergang zum 20. Jahrhundert kommen immer mehr Prominente in die Kurstadt, Bad Nauheim wird zum Weltbad. Zwischen 1905 und 1912 wird der Sprudelhof in seiner heutigen Form errichtet. Bereits vorher wurden aus den Gewinnen einer Spielbank das Kurhaus, die Trinkkuranlage und der Kurpark geplant und gebaut.

In den 50er Jahren des 20. Jahrhunderts erfreut sich die Stadt erneut eines großen Zuspruchs an Kurgästen. Zahlreiche Sanatorien und Kurkliniken entstehen und tragen somit Anteil am Ruf Bad Nauheims als Gesundheitsstadt.

In Bad Nauheim enthalten die Solequellen wie die im Sprudelhof nur drei Prozent Salz. Ein direktes Verdampfen des Wassers erwies sich deswegen als unrentabel. Doch konnte der Salzgehalt des Wassers durch Verdunsten bei Wind und Sonne angehoben werden. Durch das Verrieseln erhöhte sich der Salzanteil auf zunächst 13 bis 16 Prozent, später sogar auf 22 Prozent. In den Siedehäusern konnte das Salz dann durch Erhitzen des Wassers gewonnen werden.

Der **Windmühlenturm** in der Mitte der beiden Gradierbauten – ein zweiter steht am Rande des Sprudelhofs – wurde bis 1747 errichtet und half beim Pumpen des Wassers auf die Gradierwerke. Seine Flügel büßte er schon 1824/1826 bei einem mächtigen Sturm ein, so dass sie schließlich abgebaut wurden. Bereits seit 2004 wollen einige Bad Nauheimer die Funktionstüchtigkeit der Windmühle wieder herstellen. 2013 wurde ein Verein gegründet, um Spenden generieren zu können. Inzwischen liegt eine Baugenehmigung vor, doch noch fehlen lange erhoffte Fördermittel. Bereits im Frühjahr 2022 sollte der erste Bauabschnitt mit einer umlaufenden Galerie in 15 Metern Höhe begonnen werden.

Nun geht es bergab in Richtung **Gradierbau III**. Auch der weist mit 145 Metern Länge und zwölf Metern Höhe beachtliche Ausmaße auf. Diese Größe führte schließlich zu mehreren Weltrekord-Versuchen. Denn mit dem größten Adventskalender der Welt wollte Initiator Holger Langenstück die Kurstadt ins Guinness-Buch der Rekorde bringen. Doch trotz einiger Versuche hat es bis heute nicht geklappt.

Direkt am Gradierwerk III: das Wasserrad am Ludwigsbrunnen

Wie an der Langen Wand bietet sich eine Umrundung an, um die wohltuende Wirkung des salzhaltigen Wassers auf die Atemwege zu spüren. Eine Besonderheit dieses Gradierbaus sind der angrenzende **Ludwigsbrunnen** für Trinkkur-Anwendungen und das **Wasserrad**. Es entstand 1740 als eines von sieben dieser Werke, die unter dem Begriff »Wasserkunst« zusammengefasst wurden. Das Wasser wurde aus Staubecken und Teichen zugeführt, diese trieben Pumpen an, die das Wasser auf die Gradierwerke und in die Siedehäuser beförderten.

Der Brunnen bildet gleichermaßen den Eingang zum Südpark der Stadt mit **Café**, einem beliebten **Wasserspielplatz** und dem pittoresken **Triton-Brunnen** im Schatten der westlich angrenzenden

Mit allen Sinnen erkundet werden kann der Gesundheitsgarten

Kur- und Rehakliniken. Die Brunnenfigur ist eine Leihgabe der Frankfurter Künstlerin Inge Hagner. Sie hatte längere Zeit nach einem geeigneten Platz gesucht, um das Wesen aus der griechischen Mythologie zu platzieren. Der Sohn des Poseidon und der Amphitrite ist auf jeden Fall ein Hingucker. Der Südpark selbst ist bei Kurgästen gleichermaßen beliebt wie bei den Einheimischen, die früher nur hier picknicken oder auch einfach nur auf der Wiese liegen konnten. Inzwischen ist dies auch im Kurpark mit Ausnahme der großen Wiese vor dem Kurhaus erlaubt.

Entlang der Usa geht es nun ein nur kurzes Stück weiter und dann rechts über eine Brücke sowie über die Zanderstraße zum Eingang des **Gesundheitsgartens** *(geöffnet April + September 9–19 Uhr, Mai–August 9–21 Uhr, geschlossen November–März)*. Erneut begrüßt den Besucher ein Gradierbau, diesmal ist die Ausrichtung auf Erholung klar erkennbar. Strandkörbe laden dazu ein, Platz zu nehmen und die sanfte Meeresbrise von dem »schwarzen Riesen« ausgiebig zu genießen. Bewegungsstationen, ein Barfußpfad, Kräuter in verschiedenen Anordnungen, ein Kneippbecken und viele weitere Stationen ermuntern dazu, in gesunder Luft neue Sinneserfahrungen zu machen.

Wir verlassen den Gesundheitsgarten über den östlichen Ausgang An der Sodenschmiede und gehen weiter geradeaus bis zum Fußweg Am Solgraben, wo sich am kleinen Graben selbst erneut das weitverzweigte Netz zur einstigen Salzgewinnung zeigt. Nach Überquerung des Eleonorenrings stoßen wir bei Hausnummer 14 auf der rechten Seite das erste Mal auf **Elvis Presley**, der zwischen Oktober 1958 und März 1960 in der Nachbarstadt Friedberg als Soldat stationiert war, als Wohnort aber Bad Nauheim gewählt hatte. Ab Februar 1959 und nach ersten Monaten in einem Hotel wurde das Gebäude zu seinem Domizil – und zu dem für seine Familie und Freunde.

Das Haus wurde schnell zum Wallfahrtsort für Fans, da Presley zur Mittagspause und nach Feierabend hierher zurückkehrte und auch täglich in den Abendstunden Autogramme gab. Bei einer Feier lernte er in diesem Haus auch die damals erst 14-jährige Priscilla, seine spätere Frau und Mutter der gemeinsamen Tochter Lisa Marie,

Einst Inhalatorium, heute Bücherei: Dieses Schmuckstück befindet sich im kleinen Kurpark-Teil entlang der Zanderstraße

Durch diesen Gang inmitten des Gradierwerks geht es zum Inhalatorium

kennen. Heute deutet außer einem Hinweisschild am Eingang zur Goethestraße nichts auf deren früheren Bewohner hin.

Die Tour führt ein Stück weiter entlang der Goethestraße, bevor es dann über eine kleine Brücke erneut über den Solgraben auf eine zum Kurpark gehörende Grünfläche geht. Von hinten nähern wir uns nun einer der wohl schönsten **Bibliotheken Deutschlands**, denn die städtische Bücherei/Haus des Gastes befindet sich in einem 1901 im Gründerstil erbauten Gebäude, das einst als Inhalatorium diente.

Nach Umrundung schließt sich nun der Kreis der Gradierwerke am **Bau I**, das inzwischen vollständig der gesundheitlichen und tou-

Lässig in Uniform: Der Bronze-Elvis grüßt auf dem Weg zur Trinkkuranlage

ristischen Förderung dient. Darin befindet sich ein **Inhalatorium**, in das die salzhaltige Luft mittels eines Kompressors vernebelt wird. Die Salzkristalle gelangen so noch besser in die Atemwege und sollen bei Lungen- und Bronchialbeschwerden helfen. Eine Liegewiese *(April – Oktober täglich 10 – 18 Uhr, Eintritt 3,30 Euro oder Tageskurkarte)* lädt zum Verweilen in geschützter Atmosphäre ein, im benachbarten **Keltenpavillon** *(gleiche Öffnungszeiten)* können Besucher unter Anleitung auf keltische Weise selbst Salz sieden *(Mi., Sa. + So. 15 – 18 Uhr)*. Ein funktionierender Salzsiedeofen, Text- und Bildtafeln, Filme und Repliken keltischer Geräte führen die Arbeits- und Lebenswelt der Kelten vor.

Auf der Zanderstraße geht es nun ein kurzes Stück weiter und dann links über eine weitere Brücke über die Usa. Dort lehnt die neueste Attraktion lässig am Brückengeländer: Elvis. Die dargestellte Szene basiert auf einem im Frühjahr 1959 dort geschossenen Foto. Im August 2021 wurde die lebensgroße Bronzestatue eingeweiht, seitdem legen viele Fans ihren Arm für ein Foto um ihr Idol. Ein Projekt von Fans für Fans, wie die Initiatorinnen Meike Berger und Angela Storm dies mit ihrer auf Spenden basierenden Aktion auch beabsichtigt hatten.

Ein kurzes Stück hinter der Brücke halten wir uns zunächst links und laufen durch den Rosengarten auf die Trinkkuranlage zu. Im von uns aus gesehenen rechten Teil befindet sich der **Kurbrunnen**, der 1849 in einer Tiefe von 16,6 Metern erbohrt wurde und sich nun über Treppen erreichbar im achteckigen Kurbrunnentempel mit sei-

1849 erbohrt: der Kurbrunnen in der Trinkkuranlage

Eines der Bad Nauheimer Schmuckstücke ist die Trinkkuranlage

nem kunstvoll verzierten Torgitter in Jugendstil-Ornamentik liegt *(geöffnet Mo.–Do. 8–15 Uhr, Fr. 8–11.30 Uhr)*. Er ist einer der fünf heute noch in Betrieb befindlichen Brunnen, die für eine Trinkkur genutzt werden können und die gegen zahlreiche Leiden helfen.

Die **Trinkkuranlage** selbst ist mit Konzertmuschel, gastronomischen Betrieben, Ausstellungs- und Veranstaltungsräumen inzwischen zur guten Stube der Stadt geworden. Erbaut wurde sie zwischen 1910 und 1912 als letzter Teil des groß angelegten Bauprogrammes des Architekten Wilhelm Jost, der die Bad Nauheimer Jugendstilanlagen im Auftrag von Großherzog Ernst Ludwig von Hessen errichtete. Setzt man sich in den Hof, kann man sich gut vorstellen, wie hier einst prominente und weniger prominente Kurgäste durch die Wandelgänge flanierten, eine Milch- und Wasserkur unternahmen oder den Kurkonzerten lauschten. Heute stören sich manche Bad Nauheimer Bewohner an dem modernen Anbau im vorderen Bereich der Anlage und sprechen von einer Verschandelung des historischen Gebäudes.

Nach Verlassen der Trinkkuranlage wieder über den hinteren Eingang kann man den 70 Meter hohen Turm der **Dankeskirche** gar nicht übersehen. Erbaut wurde sie als Ersatz für die zu klein gewordene **Wilhelmskirche** im aufstrebenden Kurbad. Als protestantische Kirche ist sie im Inneren eher schlicht gehalten, doch die dunkle Farbe des ab 1903 hier anstelle des ersten Badehauses errichteten und 1906 eingeweihten Gotteshauses ist schon eine Besonderheit. Denn die neugotische Hallenkirche wurde aus dunklem Lungstein aus Basaltbrüchen errichtet.

Wir lassen die Kirche auf unserer linken Seite und laufen nun über den **Walk of Fame** der Stadt Bad Nauheim. Da die Kurstadt zu Beginn des 20. Jahrhunderts gerne auch als »Herzheilbad der Welt« oder »Drei-Kaiserinnen-Bad« bezeichnet wurde, reisten viele Gäste aus der ganzen Welt in die Stadt, um hier ihre Kur anzutreten, an wissenschaftlichen Tagungen teilzunehmen oder an Veranstaltungen für die hohe Gesellschaft teilzunehmen. Seit 2008 haben der Förderverein der Kurstadt sowie einige Bürger eine Auswahl der berühmten Gäste, aber auch berühmter Bad Nauheimer selbst zusammengestellt und in Bronzereliefs gießen lassen.

Durch den schwarzen Lungstein fällt die Dankeskirche jedem Besucher der Stadt sofort auf

Dazu gehören Kaiserin Elisabeth von Österreich (»Sisi«), Kaiserin Auguste Viktoria und Zarin Alexandra Feodorowna (»Alix«), aber auch König Ibn Saud I. Während es der depressiven Sisi nicht gut in Bad Nauheim gefiel, sie fluchtartig abreiste und nur kurze Zeit später in Genf ermordet wurde, fühlten sich die anderen Monarchen durchaus wohl und brachten nicht nur Ruhm nach Bad Nauheim, sondern auch ausschweifende Feste und viel Geld.

Aber auch Otto von Bismarck, Alfred Krupp, der spätere US-Präsident Franklin D. Roosevelt als Kind (er ging hier auch wochenweise zur Schule), Mark Twain, Richard Strauss und August Bebel waren hier zur Kur. Aus anderen Gründen finden sich weitere Namen wie Heinz Rühmann, Max Schmeling, Sepp Herberger, natürlich Elvis Presley, Karl May, General George Patton und andere wieder. Albert Einstein lieferte sich hier 1920 auf einem großen medizinischen Kongress mit zahlreichen anderen prominenten Wissenschaftlern eine denkwürdige Diskussion zur Verteidigung seiner Relativitätsheorie. Die einzige wirkliche Bad Nauheimerin in diesem illustren Kreis ist die Oscar-prämierte Regisseurin Caroline Link (»Nirgendwo in Afrika«).

Ein Kurgast, der der Stadt einen wirklich nachhaltigen Nutzen erbrachte, ist indes der amerikanische Großindustrielle William G. Kerckhoff. Zwischen 1924 und 1928 war er mehrmals zur Kur in Bad Nauheim. Er fand nicht nur großen Gefallen an der Stadt, auch eine Freundschaft zu seinem behandelnden Arzt Prof. Dr. Franz M. Groedel trug dazu bei, dass nach seinem Tod in Bad Nauheim eine Stiftung zur Erforschung und Bekämpfung von Herzkrankheiten gegründet wurde. Mit dem Geld Kerckhoffs wurde der Institutsneubau für wissenschaftliche Forschung und Fortbildung errichtet, der nächsten Station nach Überquerung der Parkstraße und einem eventuellen Abstecher in die in den gegenüberliegenden Kolonnaden befindliche **Tourist-Info**.

Die Kolonnaden bildeten neben dem **Jugendstiltheater** und dem **Konzertgarten** einen weiteren wichtigen Bereich für das Amüsement der vornehmen Gäste des Weltbads. Die Gebäudereihe war einst viel größer, sie wurde nach dem Zweiten Weltkrieg zum größ-

Heute zur Max-Planck-Gesellschaft gehörend, ist das von William Kerckhoff eingerichtete Institut eine der Säulen Bad Nauheimer Spitzenforschung

ten Teil abgerissen und dient heute als Zeile für Geschäfte unterschiedlicher Art, Cafés und die Touristen-Information. Den **Tennis-Club** gibt es allerdings noch heute. Einst spielte dort die russische Zarenfamilie zu ihrem Vergnügen.

Vorbei am dem Badearzt Friedrich Wilhelm Beneke, der großen Anteil am Aufstieg Bad Nauheims zum Weltbad hatte, gewidmeten Brunnen, kommt man nun zu dem wichtigen Bau, der nach dem letzten Willen von William G. Kerckhoff errichtet wurde und heute zur Max-Planck-Gesellschaft gehört. Das **Max-Planck-Institut** beschäftigt sich heute mit Entwicklung und Umbau des Herzens, Pharmakologie, Genetik der Entwicklung und Entwicklung und Umbau der Lunge und gehört zu den führenden Forschungseinrichtungen in Deutschland.

Erneut über die Brücke vor der eindrucksvollen klassizistischen Frontfassade des Gebäudes geht es vorbei an einer Informationstafel, die an Einsteins Aufenthalt in Bad Nauheim erinnert. Linkerhand ist nun bereits das wohl markanteste Wahrzeichen der Stadt zu sehen: der **Sprudelhof**. Bevor man den Torbogen durchschreitet,

Wird seit Jahren aufwändig saniert: der Sprudelhof

weist noch ein Denkmal darauf hin, dass Bad Nauheim seit 2015 auch ein Premium-Class-Kneipp-Kurort ist.

Der Sprudelhof wurde zwischen 1905 und 1912 durch Wilhelm Jost erbaut und gilt als eines der gelungensten Beispiele für den Jugendstil in einem geschlossenen Ensemble. Neben den heute noch vorhandenen Badehäusern II bis VII sind es die drei Sprudel im großzügigen zentralen Hof, die den Reiz der Anlage ausmachen. Die Badehäuser weisen teilweise zugängliche Schmuckhöfe auf, die alle unterschiedlich gestaltet sind. Gemein haben sie die schwungvolle Linienführung und wellenförmigen Konturen in den Gebäudefassaden und ihre Ornamentik, die vor allem in den kunstvollen Fenstern der Anlage, aber auch in den Innenbereichen und an den Portalen zu entdecken sind.

Nach der Geburtsstunde des Bades im Jahres 1835 und dem »Weihnachtswunder« 1846, als sich nach langen Bohrungen an ebendieser Stelle und der eigentlichen Aufgabe des Projekts doch noch ein Sprudel seinen Weg durch das Erdreich bahnte, folgte eine rasante Entwicklung des Herzheilbades. Sieben Badehäuser waren bis zum Jahr 1900 errichtet worden. Doch dies reichte nicht mehr aus. Unter der

Der Schmuckhof des Badehauses II während einer Veranstaltung des Theaters Alte Feuerwache. Das Theater musste umziehen, da das Badehaus II der neuen Therme zugeschlagen wurde

Die Schmuckhöfe der Badehäuser sind alle unterschiedlich gestaltet, hier im Badehaus III

Die Fenster des Sprudelhofs bieten viel Ornamentik

Leitung von Wilhelm Jost entstand somit rund um das Doppelbecken der beiden Hauptstrudel eine Hofanlage mit axialer und symmetrischer Ausrichtung der Badehäuser und einer durchgehenden Verbindung durch Arkadengänge.

Vom Treppenabgang in Richtung Bahnhof grüßen die beiden Verwaltungsgebäude. Von hier aus ist gut zu erkennen, wie Bahnhof, Sprudelhof, Kurhaus und Johannisberg eine Sichtachse bilden. Im unteren Bereich liegen die sechs Badehäuser mit Warteräumen, den Schmuckhöfen und insgesamt 265 Wannen für die Bäder-Anwendungen.

Doch leider ist die Anlage deutlich in die Jahre gekommen. Nicht alle Badehäuser sind zugänglich. Allerdings hat das Jugendstilforum im Badehaus III *(geöffnet Mo.–So. 14–18 Uhr, am ersten und dritten Wochenende des Monats geschlossen; Eintritt regulär 6 Euro, Führungen möglich, www.jugendstilforum.de)* im Jahr 2021 eine neue Heimat gefunden und stellt hier über 2.500 Objekte aus dem Jugendstil aus. Daneben bieten sich unter anderem Einblicke in den prächtigen Warteraum, erhaltene Badezellen und den mit einem eckigen Wasserbassin mit Brunnenfigur versehenen Schmuckhof. Das dem Adel vorbehaltene Fürstenbad in diesem Badehaus ist allerdings verloren.

Das einzige fast vollständig erhaltene Fürstenbad befindet sich indes in Badehaus II. Doch gerade dieses Haus spielte im Zuge der seit den 2000er Jahren geplanten und immer wieder ins Stocken geratenen Sanierung des Gesamtensembles eine große Rolle. Nach unzähligen heftigen politischen Diskussionen wurde beschlossen, es durch einen unterirdischen Gang an ein neues Thermalbad anzuschließen. Damit dürfte der komplett mit blauglasierten Ziegeln und Terrakotta-Tafeln ausgestattete Schmuckhof künftig wieder nur noch Ba-

Das Fürstenbad im Badehaus II

degästen – neuerer Prägung – vorbehalten sein. Aus dem Badehaus ausziehen musste dafür das mehrfach preisgekrönte Theater Alte Feuerwache.

Auch in den anderen Badehäusern ist derzeit Sanierung angesagt, die sich teilweise noch über Jahre hinziehen wird. Zum Teil radioaktive Altlasten und eine marode Bausubstanz erschweren das Vorhaben immens. Geplant sind Schulungseinrichtungen, aber auch Veranstaltungsräume, so dass zumindest ein Teil der Badehäuser irgendwann wieder für die Öffentlichkeit zugänglich sein soll.

Letztlich aber sind das immer noch nicht alle Probleme, die die Stiftung Sprudelhof zu meistern hat. So hatten Gutachter bereits im Jahr 2011 festgestellt, dass auch die drei alten Sprudel nicht mehr sanierungsfähig sind. Deswegen soll zwischen den beiden Sprudelbecken ein neues Loch gebohrt werden. In rund 200 Metern Tiefe will man auf Solewasser stoßen.

Durch den unteren Ausgang geht es nun weiter über eine weitere Usa-Brücke in Richtung Kurpark. Wer eine Pause einlegen möchte, ist im oder vor dem langgestreckten **Schweizer Milchhäuschen** willkommen. Bereits 1892 wurde in dem Fachwerkbau die Milch-

Der Brunnen der Erkenntnis im Kastanienrondell des Kurparks

kur als wesentlicher Bestandteil des Kurbetriebs angeboten. Die Milch wurde dazu eigens aus der Schweiz angekarrt.

Von hier aus geht es zunächst weiter geradeaus zum **Kastanienrondell** und dem **Brunnen der Erkenntnis**. 1980 entstanden, zeigt er Adam und Eva in dem Moment, in dem sie die Früchte vom Baum der Erkenntnis kosten. Er bildet das Entree in das Herz des Großen Kurparks, der zwischen 1857 und 1862 von dem renommierten Gartenarchitekten Heinrich Siesmayer geschaffen wurde und den er selbst als »eine meiner größten Ausführungen in meiner beinahe fünfzigjährigen selbstständigen Tätigkeit« bezeichnete. Immerhin war Siesmayer unter anderem am Frankfurter Palmengarten beteiligt.

Der im Stil eines englischen Landschaftsgarten entworfene Park hat mit 50 Hektar eine beachtliche Größe. Finanziert wurde der Park durch die Erlöse einer 1854 in Bad Nauheim eingerichteten Spielbank. Siesmayer übertraf sich selbst. Neben den locker auf weiten Wiesenflächen verteilten Baumgruppen mit einheimischen und fremden Gehölzen, weiß der Park mit überraschenden Durchblicken und Einfällen wie einem Wasserfall zu punkten.

Eine weitere Aufwertung hat der Park ebenso wie die angrenzende Parkstraße und der Goldsteinpark jenseits des Bahnhofs durch die Landesgartenschau im Jahr 2010 erfahren. Mit hohem Aufwand wird er auch heute noch gepflegt und bildet somit die grüne Lunge der Stadt. Auf dem Weg in das Zentrum des Parks geht es entlang der großen Kurhauswiese mit ihrer imposanten **Blutbuche**. Darüber befindet sich das **Kurhaus**, das zum Ende der Parkrunde noch Erwähnung finden wird. Vorbei an **Minigolf** und **Bouleplatz** stößt man nun auf den **Kleinen Teich**, der innerhalb des Parks noch einmal ganz neue und bezaubernde Perspektiven bietet.

Verträumte Ecken lassen Besucher des Kurparks Abstand zum städtischen Trubel gewinnen

Rechterhand nach wenigen Metern stoßen wir auf das große **Holzdeck**, das zur Landesgartenschau 2010 errichtet wurde und vor allem in sommerlichen Abendstunden eine einzigartige Atmosphäre bietet. Dann geht es zurück über die Brücke und nach rechts zum bereits vom Holzdeck aus zu sehenden **Teichhaus**, das mit seinem großen **Biergarten** lockt.

Noch genug Puste für einen gemütlichen Spaziergang rund um den **Großen Teich** vorhanden (Extratour II, 1,4 Kilometer)? Wer die Strecke auf sich nimmt, entdeckt verträumte Einbuchtungen, die bis an den Wasserrand führen und immer wieder neue Eindrücke vom Herzstück des Kurparks vermitteln. Obwohl der Rundweg teilweise weniger als 100 Meter an der vielbefahrenen Frankfurter

Blick vom Holzdeck über den Großen Teich zum Teichhaus

Versteckte Buchten, kleine Paradiese: Die Rundtour um den Großen Teich lohnt sich

Straße vorbeiführt, genießen viele Bad Nauheimer die Ruhe auf dieser Runde. Auch wenn es sonntagnachmittags durchaus etwas voller werden kann.

1862 errichtet: das Bad Nauheimer Kurhaus

Eigentlich handelt es sich bei dem Teichhaus um das höhergelegene Gebäude, das 1780 auf Veranlassung des späteren Kurfürsten Wilhelm I. von Hessen-Kassel für eine seiner Geliebten als Sommerresidenz erbaut wurde. Da die Liebelei allerdings kürzer währte als die Bauzeit, ging das Schlösschen nach Fertigstellung in den Besitz der Saline über. Passenderweise befand sich dort später auch das Bad Nauheimer Salzmuseum. Heute allerdings meinen die Bad Nauheimer eher das komplette Ensemble mit Restaurant und Biergarten, der im Sommer zum entspannten Getränk am Ufer einlädt. In direkter Nachbarschaft befindet sich auch das **Colonel-Knight-Stadion** und bietet Eishockey in der zweiten Deutschen Liga an.

Es geht wieder zurück in Richtung Stadt, vorbei am **Platz Herzogin-Marien-Ruh** mit **Wasserfall** und dem **Rhododendronhain** bis man den Komplex des **früheren Kurhauses** zur Rechten hat. Inzwischen ist das eigentliche Kurhaus Teil eines großen Hotel-Komplexes. Es wurde zwischen 1862 und 1864 im Stil der italienischen Renaissance errichtet und oblag den Pächtern der Spielbank. Durch viele gesellschaftliche Ereignisse avancierte es schnell zum Mittelpunkt des Interesses. Bereits zu Beginn des 20. Jahrhunderts erfuhr

Anziehungspunkt für Elvis-Fans aus aller Welt ist das Hotel Grunewald. Davor befindet sich eine Stele von Elvis Presley, an der die Fans Blumensträuße niederlegen

es Veränderungen, so auch die Erweiterung um den schattigen Platanenhof sowie das heutige **Kurtheater**. Bombentreffer am 20. Juli 1944 zerstörten das Gebäude teilweise, ein Neubau veränderte das Aussehen nachhaltig und nicht zwingend zum Besten. So zeugt nur noch der Teil rechts des Mittelblocks vom früheren Aussehen. 1980 brannte dann das Kurtheater völlig aus. Der Jugendstilcharakter ließ sich aber beim Wiederaufbau wieder herstellen.

Heute ist das Kurtheater Veranstaltungsort vieler Messen, aber auch des beliebten Neujahrsvarietés mit international ausgezeichneten Künstlern. Zudem ist die Anlage der zentrale Ort für das jährlich im August stattfindende Elvis-Presley-Festival, das Besucher aus aller Welt anlockt und Bad Nauheim für ein Wochenende in die 50er- und 60er Jahre katapultiert. Wer den weitläufigen Hotelkomplex von innen erkunden möchte, kann dies durch den Eingang am Parkausgang/Terrassenstraße gegenüber des **Hotels Villa Grunewald** tun.

Womit wir wieder bei Elvis wären. Denn vor seiner Zeit in der Goethestraße bewohnte er in der Gründerstilvilla aus dem Jahr 1888

Größtenteils im Original belassen: Hier wohnte Elvis Presley im Hotel Villa Grunwald

für knapp vier Monate Zimmer 10. Bereits vor dem Hotel befindet sich eine Stele in Gedenken an den »King«, die eigentlich immer mit Blumen, Kerzen und anderen Memorabilia geschmückt ist. Im Hotel befindet sich heute auch ein Café. Das Zimmer 10 ist nicht spontan oder öffentlich zugänglich. Allerdings kann man sich auf Anfrage darin einbuchen und im nahezu komplett erhaltenen Originalzustand ein oder zwei Nächte verbringen (www.hotel-villa-grunewald.de).

Viele Diskussionen gab es, als die Besitzerin des Hotels das Anwesen im Alter von 91 Jahren verkaufen wollte. Die Stadt konnte sich den Kauf nicht leisten, die Immobilie ging im Jahr 2015 an ein Architektenbüro, das ursprünglich Wohnungen einrichten wollte. Diesen Plänen wäre das Elvis-Zimmer wohl zum Opfer gefallen. Nach langen Diskussionen und vielen Einwänden aus der Elvis-Fanszene entschied man sich aber doch, die ursprüngliche Nutzung beizubehalten. Nach einer umfangreichen Sanierung feierte man im August 2017 Wiedereröffnung.

Nun geht es über die Terrassenstraße in das geschäftige Zentrum der Stadt. Die Parkstraße und die parallel verlaufende Stresemannstraße (Fußgängerzone) sind nahezu immer belebt. Bleibt man in

Meistens gut gefüllt ist der Aliceplatz rund um den Schuckhardt-Brunnen

der Parkstraße zunächst auf der Parkseite, kommt man noch am 2016 eingeweihten Denkmal zur Erinnerung der 278 Bad Nauheimer Holocaust-Opfer vorbei. Fast wie vergessen wirkt der Mantel, der dort über einer Bank vor der Namenstafel aus Muschelkalk hängt. Die Intention des Friedberger Künstlers Prof. Peter Schubert indes ist natürlich eine andere: nicht vergessen, sondern unter Zwang zurückgelassen.

Trotz allem gibt es noch heute eine aktive jüdische Gemeinschaft in Bad Nauheim. Die **Synagoge** ist in der Karlstraße zu finden. Bad Nauheim ist Sitz des Deutschen Koordinierungsrats der Gesellschaften für Christlich-Jüdische Zusammenarbeit und der Buber-Rosenzweig-Stiftung.

Nun sollte man aber langsam die Straßenseite wechseln und in das vor allem am Wochenende pralle Leben auf dem **Aliceplatz** eintauchen. Beim kleinsten Hauch von Sonne ist der Platz der angesagte Treffpunkt für Bad Nauheimer, die hier Kaffee oder auch schon einen Wein genießen. Manche Bad Nauheimer verpönen den Treffpunkt als »Prosecco-Platz der Bussi-Bussi-Gesellschaft«, andere genießen einfach das schöne Ambiente direkt an der Bad Nauheimer Herzschlagader. Zentrales Element des Platzes ist der **Schuckhardt-Brunnen**, benannt nach dem Hotelier, der ihn 1909 gestiftet hat.

Der runde Brunnen aus schwarzem Basalt erinnert mit seinen drumherum angeordneten Säulen an antike Vorbilder.

Von dort geht es über die Alicestraße weiter in die Fußgängerzone hinein. Nach gut 50 Metern erblickt man nun eine **Wasserstele**, die kaum einen größeren Gegensatz zum Schuckhardt-Brunnen bilden könnte. Die acht Meter hohe Stele besteht aus sechs gebündelten, wellenförmigen Edelstahlbahnen. Geschaffen wurde sie vom Architekten Johannes Peter Hölzinger, der sich mit zahlreichen Bauten in seiner Heimatstadt Bad Nauheim und darüber hinaus verewigt hat. Die Elemente Winkel, Halbschale, Welle und Spirale gehören zu den Grundformen seiner gestalterischen Arbeit. Mehrere Wohnhäuser, die im gesamten Stadtgebiet verteilt und auf den ersten Blick als Hölzinger-Werke zu erkennen sind, zeugen noch heute von seiner Arbeit. 2011 übergab er sein Lebenswerk an das Deutsche Architekturmuseum in Frankfurt.

Überall in der Stadt verteilt sind Bauwerke des Architekten Johannes Hölzinger zu entdecken

Ein Stück bergauf führt die Stresemannstraße als Fußgängerzone nun an zahlreichen Geschäften vorbei, bevor es links in die Reinhardstraße zur **Reinhardskirche** geht. Dass es sich bei der dort befindlichen Kirche um etwas Besonderes handelt, wird klar, wenn man den Blick weit nach oben richtet und dort das Doppelkreuz der russisch-orthodoxen Kirche entdeckt. Damit wollte man den rund 2.500 russischen Kurgästen pro Jahr zu Beginn des 20. Jahrhunderts

Die Ikonostase aus Sarow in der Reinhardskirche ist in Westeuropa einmalig

Rechnung tragen. Dabei war die Kirche 1733 als lutherische Kirche eingeweiht worden. Nachdem die katholische Kirche das Gebäude zwischen 1868 und 1905 angemietet hatte, übernahm es dann Erzpriester Alexej Maltzew für russisch-orthodoxe Gottesdienste. 1908 wurde es nach einem Umbau dem Heiligen Seraphim von Sarow und Innozenz von Irkutsk gewidmet und auch mehrfach für Gottesdienste von der russischen Zarenfamilie aufgesucht. Höhepunkt im Inneren ist eine in Westeuropa einmalige Ikonostase aus Sarow *(Besichtigungen 1.–3. So. im Monat 14–16 Uhr, 4. Sa. im Monat 14–16 Uhr, Führungen 1. Di. im Monat, 19 Uhr, www.russische-kirche-bad-nauheim.de).*

Zurück in der Fußgängerzone geht es nun noch ein Stück bergauf über die Friedrichstraße hinüber. Vor dem städtischen Verwaltungsgebäude rechterhand mit der Hausnummer 3 erinnert eine Tafel an den Schulbesuch des späteren US-Präsidenten Franklin D. Roosevelt in Bad Nauheim. Jenseits des Parkplatzes thront aber ein mächtiges Gebäude, dem wir nun unsere Aufmerksamkeit widmen. Die von der Burgpforte unterbrochene **Zehntscheune** ist eines der letzten Überbleibsel an eine 1477 erstmals erwähnte Burg des Grafen von Greiffenclau. Lange war sie im Besitz der Stadt, die überlegte, dort ein Stadtarchiv oder Bürgerzentrum einzurichten. Schließlich wurde sie verkauft und für Wohnzwecke umgebaut.

Ein Blick nach links in die Borngasse fällt auf ein geschlossenes Fachwerk-Ensemble, das in dieser Geschlossenheit in der hier beginnenden Altstadt sonst nicht mehr zu finden ist. Unsere weiteren Schritte führen durch die Burgpforte hindurch, wo uns Elvis Presley nicht nur durch ein 2018 erstelltes großformatiges **Graffiti** des britischen Künstlers Gnasher noch einmal grüßt. Nur wenige Meter oberhalb ist zu erfahren, warum das Graffiti dort entstand. Denn das Coverbild für die Single »A Big Hunk o'Love« entstand an genau jener Stelle. Kein Wunder, dass alljährlich viele Elvis-Fans hierher pilgern, um das Foto möglichst originalgetreu nachzustellen.

Hunger? Durst? Die Tour endet im gastronomischen Zentrum Bad Nauheims. Auf dem Burgplatz laden **Willys Pub** mit großartiger Inneneinrichtung und ebenso großer Getränkekarte, das **Style of India** nebenan oder der Grieche mit seinem Restaurant **Zorbas** im ältesten Gasthaus der Stadt, dem **Gasthaus Zur Krone** mit großem Biergarten, ein. Folgt man der Burgstraße an der Krone vorbei, landet man auf dem Marktplatz mit **Altem Rathaus** und zahl-

2018 entstanden ist das Elvis-Grafitti, das sich am Plattencover von »A Big Hunk o'Love« orientiert

reichen Bars, dem bodenständigen **Kuckuck**, dem hessisch-urigen **Deutschen Haus**, dem saisonal-regionalen Restaurant **Zulegers** mit gehobener Küche und weiteren Restaurants rund um den Platz.

Veranstaltungen:

European Elvis-Presley-Festival: Alljährlich am Wochenende am oder mit dem 16. August (Todestag von Elvis Presley) verwandelt sich die Stadt in ein Meer aus Cadillacs, Petticoats und Elvis-Tollen. Konzerte, Führungen, Modenschauen und eine Cadillac-Parade sind nur einige der Höhepunkte

Christkindlmarkt im Sprudelhof: Am 3. Adventwochenende füllen über 100 Austeller den Sprudelhof und verwandeln ihn in ein weihnachtliches Lichtermeer

Bergweihnacht auf dem Johannisberg von Vereinen, Schulen und Kindergärten am 2. Adventwochenende

Bad Nauheimer Kerb Anfang Oktober in der Altstadt

Jugendstilfestival Mitte September im Sprudelhof: Zeitreise in die Belle Époque mit Ausstellungen, Führungen, Kunstmarkt und zahlreichen Aufführungen

Steinfurther Rosenfest Mitte Juli im Stadtteil Steinfurth. Alle zwei Jahre schmücken die Rosenbauern des Dorfes prunkvolle Festwagen mit Hunderttausenden Blüten. Dazu Jahrmarkt, Vorträge und Ausstellungen. Immer nur in geraden Jahren. Ganzjährig geöffnet ist das Rosenmuseum, das sich auf verschiedenen Wegen der »Königin der Blumen« nähert *(Alte Schulstraße 1, tägl. 13–17 Uhr, rosenmuseum.com)*

Neujahrs-Varieté: Internationales Varieté mit vielen Gewinnern renommierter Zirkuspreise im Kurtheater. Januar und Februar *(www.ovag.de, Preise zwischen 20 und 36 Euro)*

Seitensprung – Bad Nauheim

Wein, Römer, Kunst und die Sterne. Hoch über den Dächern Bad Nauheims

Einen einmaligen Ausblick auf die Städte Bad Nauheim und Friedberg, Frankfurt und weit in die Wetterau bis in den Vogelsberg hinein bietet der **Johannisberg**, der Bad Nauheimer Hausberg. Dort stößt man auf die ältesten baulichen Zeugnisse im heutigen Stadtgebiet. Wer von hier einen Blick in die Sterne wagen möchte, kann dies in der städtischen **Sternwarte** tun, die ihre Pforten regelmäßig für Besucher öffnet.

Strecke: ca. 3,5 km, Treppen, Feld- und Waldwege
Dauer: ca. 1,5 Stunden
Start: Burgplatz, erreichbar über Haltestelle Rathaus, Buslinien FB-11, FB-14, FB-15

Bad Nauheim im Rheingau? Ja, nach den europäischen Weinbau-Gesetzen schon. Denn seit 1998 ist auf dem **Johannisberg**, dem

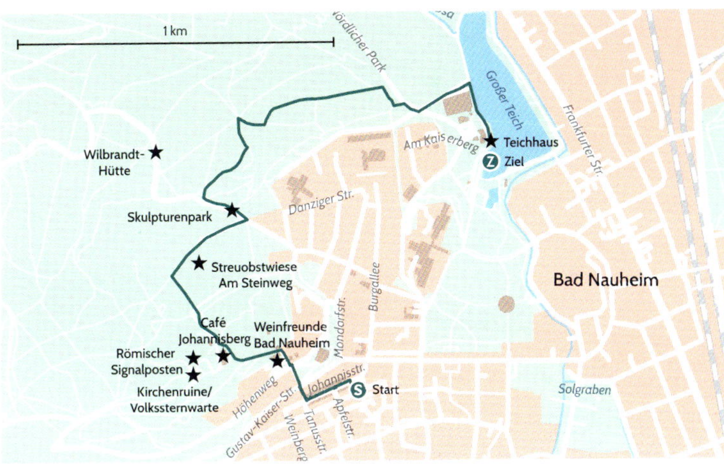

Vorbei am Landeszentrum der Pfadfinder führt der Blick über Weinreben zum Johannisberg

Hausberg der Bad Nauheimer, ein Verein aktiv, der sich der jahrhundertealten Tradition des Weinbaus in der Kurstadt verschrieben hat. Unsere Entdeckungsreise beginnt indes in der **Altstadt** am Burgplatz, auch das Ende der großen Tour durch Bad Nauheim. Wir queren den Burgplatz in Richtung Alte Feuerwache, heute ein Jugend- und Familienzentrum, und folgen nach links dem Verlauf der Johannisstraße bis zur Hausnummer 20. Von dort führt eine Treppe in die höher gelegene Gustav-Kayser-Straße und eine weitere in den Höhenweg. Schon kann man die ersten Reben erblicken. Noch etwas weiter geht der Aufstieg bis zum Landeszentrum des Vereins christlicher Pfadfinder.

Nun steht man schon inmitten der 20 Anbauparzellen und kann auch **Parzelle 21**, das Vereinsheim des Freundeskreises Weinanbau am Johannisberg Bad Nauheim, ausmachen. Über 200 aktive und passive Mitglieder pflegen hier über 1.440 Weinreben auf rund 3.000 Quadratmetern, zum Großteil Riesling und Spätburgunder. Der Weinanbau in Bad Nauheim ist indes nichts Neues. Nach dem europäischen Weinrecht darf der Ertrag aber nicht in den Handel gelangen, er steht dem Eigenbedarf der Mitglieder zur Verfügung. Schon zu den Hochzeiten der Stadt als Weltheilbad war der Johannisberger Wein überregional bekannt, weitere Zeugnisse der Vergangenheit weisen einen Anbau schon vor rund 600 Jahren aus. Erst um 1890 wurde der Anbau aufgegeben. Da mit dem Erhalt der Konzession Bad Nauheim einem neuerlichen Weinanbaugebiet zugeordnet werden musste, liegt die Kurstadt zumindest weintechnisch im Rheingau.

Auf der obersten Plattform der Kirchenruine befindet sich heute die Volkssternwarte Bad Nauheim

Doch nicht nur Wein, sondern auch Streuobstwiesen und die berühmten Steinfurther Rosen sind auf dem Johannisberg zu finden. Weiter führt der Weg zu einer kleinen **Aussichtsplattform**, die nach Süden hin einen weiten Blick bis nach Frankfurt offenbart. Hier zu finden ist auch der Pluto, die letzte Station eines **Planetenwanderwegs**, der im Goldsteinpark, von hier aus gesehen jenseits des Bahnhofs, seinen Anfang nimmt. Folgt man dem Weg über seine gesamte Strecke von zwei Kilometern quer durch die Stadt bis zur Sonne, legt man maßstabsgerecht etwa 2,8 Millionen Kilometer pro Schritt zurück.

Noch ein kurzes Stück weiter führt der Weg unterhalb des **Cafés Johannisberg** vorbei. Von der Terrasse des Hotels, Restaurants und Cafés bietet sich unter Platanen ein wunderbarer Ausblick auf die

Der Blick vom Johannisberg ist in Bad Nauheim unübertroffen

Stadt. Die Terrasse ist auch Veranstaltungsort der Bergweihnacht, auf der sich Vereine, Schulen und Kindergärten mit ihren Angeboten präsentieren. Die Zukunft des Hauses, das während der Corona-Pandemie zumachte und deren Eigentümer verstarb, war mehrere Jahre lang unklar. April 2022 hat es unter neuer Leitung allerdings wieder geöffnet.

Nachdem wir das Gebäude passiert haben, folgt ein weiterer kurzer Aufstieg zum Turm einer **Kirchenruine** aus dem 13. Jahrhundert, ein Vorgängerbau datiert sogar auf das achte Jahrhundert. Seit 1965 befindet sich auf der obersten Plattform des Turmes die **Sternwarte** des Vereins Volkssternwarte Wetterau. Mehrere Teleskope lassen hier in sternenklaren Nächten weit ins Weltall blicken, die Mitlieder des Vereins erklären gerne die Gestirne *(i.d.R. Di. ab 20 Uhr).*

Der Johannisberg wurde wegen seiner geschützten Lage vermutlich bereits ab 4000 v. Chr. nahezu durchgängig besiedelt, wovon einige Funde Zeugnis ablegen. Doch die nächsten baulichen Überreste stammen aus der Zeit der Römer. Nur wenige Meter oberhalb der Sternwarte befindet sich die 1909 entdeckte **Ruine einer Signalstation**, die unter Kaiser Hadrian errichtet wurde. Obwohl der römische Grenzwall Limes rund sechs Kilometer entfernt war, spielte der Turm eine wichtige Rolle. Denn im Falle einer Bedrohung konnten so Signale an die in Friedberg stationierte Einheit von rund 1.000 syrischen Bogenschützen gesendet werden. Von Friedberg aus gab es wegen des Wintersteins keinen direkten Sichtkontakt zu den Grenzbefestigungen im Taunus.

Der Weg führt oberhalb am Café Johannisberg vorbei und halblinks für etwa 200 Meter zur **Streuobstwiese** Am Steinweg. Nach Querung der Freifläche führt ein Weg am Waldrand leicht bergab. Hier sind bereits erste künstlerische Erzeugnisse zu sehen, die schließlich zum privat betriebenen **Skulpturenpark** des Bildhauers Gerhard Burk führen. Eingebettet in die Landschaft des Johannisbergs präsentiert der Bildhauer Groß-Skulpturen internationaler Künstler. Der Park steht sowohl Kunstschaffenden zum freien Arbeiten als auch interessierten Besuchern offen und bietet ihnen »Landeplätze für Gedanken«. Bereits in den 1970er Jahren gegründet, gilt der Park auch heute noch als bundesweit einmaliges Projekt. Er führt die Tradition des Jugendstils fort, befindet sich doch

Die Streuobstwiese Am Steinweg weist einige Skulpturen auf

Weithin öffnet sich der Blick in die Natur, und das in unmittelbarer Nähe zur Stadt: der Waldpark Skiwiese

im Zentrum des Parks eine **Jugendstilvilla**, die 1909 vom Sprudelhof-Architekten Wilhelm Jost als Parkwächterhaus errichtet wurde *(Juni–September Mi.–Sa. 15–19 Uhr oder nach telefonischer Vereinbarung unter 06032-4703).*

Vom unteren Ende der Streuobstwiese folgt man dem linken Weg weiter für etwa 200 Meter und gelangt zum **Waldpark Skiwiese**. Eine Anmutung von Allgäu überkommt einen, wenn man aus dem Wald auf die großzügige Wiesenlandschaft gelangt. Auf Initiative von Großherzog Ernst Ludwig wurden Waldpark und dessen Herzstück Skiwiese zur Blütezeit des Jugendstils angelegt und sollten vorrangig der Erholung der Kurgäste abseits des Kurparks dienen, sozusagen als Überleitung vom menschengemachten Grüngürtel in der Stadt zu den naturbelassenen Wäldern des Taunus.

Umsäumt wird der Waldpark von Schutzhütten, in Zeiten des Jugendstils auch Aussichtstempel genannt. Doch auch mitten auf der Wiese sind idyllische Ruhebänke zu finden. Diesen Geist bewahren möchte eine Bürgerinitiative, die sich 2003 gegründet hatte. Denn auf Wunsch des benachbarten **Golfclubs** und der Leitung des **Hotels Dolce** sollte der Golfplatz auf diesem Gelände erweitert werden. Im Jahr darauf übergab die Initiative dem Rathaus über 3.300 Unterschriften für den Erhalt der Skiwiese. Ein darauf folgendes Bürgerbegehren ergab eine klare Mehrheit für den Erhalt dieses Kleinods. Aus der Bürgerinitiative ist inzwischen ein Verein geworden, der sich um den Erhalt des Areals kümmert.

Genießen Sie den Spaziergang am Waldrand auf leicht bergab führender Strecke bis zum unteren Ende der Skiwiese oder halten Sie Ausschau nach den Aussichtstempeln. Am unteren Ende des Gebiets kommt man auf den Golfplatz. Folgt man der Umzäunung nach rechts, stößt man auf das Bad Nauheimer **Eisstadion** und schließlich den Großen Teich mit Teichhaus und Biergarten. Das Ende der Tour ist erreicht.

Ein letzter Gruß: Blick vom Sprudelhof zum Bahnhof

3 – Über sieben Brücken musst du gehen ...

Über sieben Brücken musst du gehen ...

Bad Vilbel ist die Stadt der Kontraste

Getrost kann man Bad Vilbel am südlichsten Rand der heutigen Wetterau als »Boomtown« bezeichnen. Keine andere Stadt des Landkreises hat ihr Aussehen in den vergangenen Jahrzehnten so radikal verändert wie die Stadt in direkter Nachbarschaft zu Frankfurt. Das wirkt sich auch auf die Bewohner der mit rund 35.000 Menschen einwohnerstärksten Stadt der Wetterau (Tendenz weiter stark steigend) aus. Die unmittelbare Nähe zur Mainmetropole führte zu einem starken Einfluss auf das einst eher verschlafene Vilbel. Dörfliches Leben findet man fast nur noch in den alten Dorfkernen der Stadtteile Massenheim, Gronau und jenseits der Dortelweiler Ortsdurchfahrt. Die Kernstadt mit ihren nahtlos angrenzenden Stadtteilen Heilsberg und Dortelweil mit seinem großen Gewerbegebiet versprüht trotz einiger ruhiger Ecken die Betriebsamkeit des großen Nachbarn.

Wenn da nicht das grüne Band wäre, das sich mitten durch die Stadt zieht. Auch in Sachen Renaturierung hat sich in Bad Vilbel vieles getan. Die Nidda, einst ein unansehnlicher und in Beton eingepresster Kanal, mäandert wieder durch das Herz der Stadt, zahlreiche Brücken ermöglichen einen genaueren Blick auf die von einst hier nicht mehr vorkommende Flora und Fauna. Und im alten Stadtkern schließlich stößt man auch noch auf vielerlei Zeugnisse vergangener Epochen.

Unser Spaziergang beginnt am Rand der Kernstadt und führt mit kleineren Abstechern entlang dieses grünen Bandes in das Herz der Stadt, wo Historie und Moderne direkt aufeinanderprallen. Dabei folgen wir nicht nur dem Wasser der Nidda selbst, sondern auch des Wassers, das aus Vilbel die Kurstadt Bad Vilbel machte, den vielen heilenden und mineralischen Quellen – auch wenn Bad Vilbel im Gegensatz zu Bad Nauheim und dem Niddaer Stadtteil Bad Salzhausen kaum noch eine Rolle innerhalb der deutschen Kurstädte

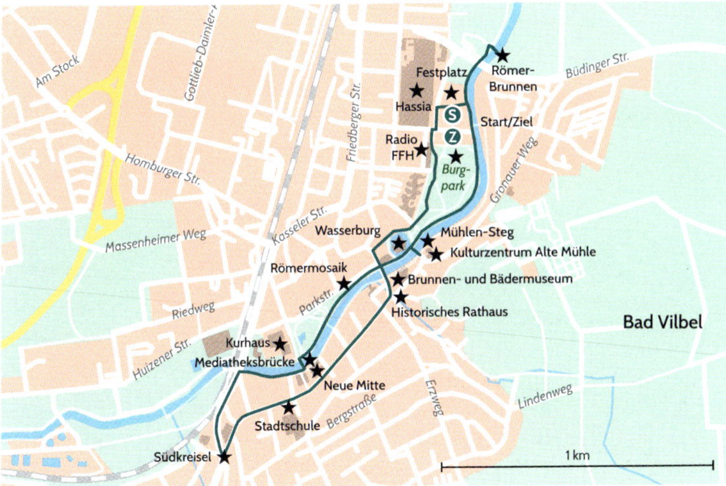

spielt, sondern das Wasser inzwischen mehr einen wirtschaftlichen Faktor darstellt.

Dauer: 3 Stunden
Strecke: 6,2 Kilometer (mit Abkürzungsmöglichkeit etwa 5 Kilometer)
Start: Festplatz Bad Vilbel (kostenfreie Parkplätze)
ÖPNV: vom Bahnhof Bad Vilbel 550 Meter über die Heinrich-Heine-Straße oder Buslinie FB-62 ab Heinrich-Heine-Straße bis Haltestelle Büdinger Straße und gut 100 Meter weiter stadtauswärts

Lassen Sie sich von Ihrem ersten Blick auf Bad Vilbel nicht täuschen: Der **Festplatz** ist zwar nun nicht das, was man eine Schönheit nennen würde. Doch spielt er eine wichtige Rolle im Festivitätenbetrieb der Stadt. Denn alljährlich findet hier der Vilbeler Markt statt, der größte Jahrmarkt der südlichen Wetterau. Wir orientieren uns zum baumbestandenen **Niddaufer** und werfen einen ersten Blick auf den renaturierten Fluss. Wir wenden uns nach links und unterqueren die vielbefahrene Büdinger Straße. Nach gut 100 Metern ge-

Das, was sie einmal war: Die Nidda wurde aus ihrem Betonkorsett befreit und ist wieder zu einer Lebensader der Stadt geworden

Aus 287 Metern Tiefe kommt das Wasser des Römer-Brunnens

langen wir an eine kleine Brücke, die zum ersten der vielen Brunnen der Quellenstadt Bad Vilbel gehört. Der Geschichtsverein der Stadt listet 23 noch existierende und fünf aufgegebene Brunnen auf.

Der **Römer-Brunnen** wurde 1929/1930 von Dr. Albert Vogelsberger mit einer Tiefe von 287 Metern gebohrt und Friedrich-Karl-Sprudel nach dem Landgrafen Friedrich-Karl von Hessen benannt. Wegen seines hohen Kohlensäuregehaltes sprudelt das Wasser aus großer Tiefe aus eigener Kraft bis an die Oberfläche. Das Wasser weist einen der höchsten Mineralstoffgehalte Deutschlands auf und bildet das ergiebigste Bad Vilbeler Quellvorkommen. 1955 als Heilquelle staatlich anerkannt, wird das Wasser heute als Bad Vilbeler Römer-Brunnen in Flaschen abgefüllt und vermarktet. Eigentümer ist das Unternehmen Hassia mit seinem Firmensitz in unmittelbarer Nähe, das den Brunnen im Jahr 2007 renovieren ließ und ihn in Römer-Brunnen umtaufte.

Doch nicht nur der Brunnen sollte hier unser Augenmerk erhalten. Denn hier, direkt an der Nidda, wird einem bewusst, wie viel Arbeit und Kosten darin stecken, den einst toten Fluss Nidda wieder zur Lebensader der Stadt zu machen. Die Gerty-Strohm-Stiftung engagiert sich seit vielen Jahren für die Renaturierung der Nidda, doch auch lokale Unternehmen wie Hassia stecken Geld in das Projekt. Unter der planerischen Federführung des Bad Vilbeler Gewässerökologen Gottfried Lehr, der in der Stadt auch gerne der »Nidda-Papst« genannt wird, erhält ein Teilstück nach dem anderen wieder ein der Natur zugewandtes Gesicht mit Biegungen, Ausbuchtun-

Biegungen, Ausbuchtungen, kleine Inseln: Viele Tiere haben sich wieder an und in der Nidda angesiedelt. Im Hintergrund werfen wir einen ersten Blick auf den Dottenfelderhof (mehr im »Seitensprung«)

gen, neuen Ufersäumen, Inseln und viel Natur. Das Projekt ist inzwischen zu einem großen Teil abgeschlossen, selbst in komplizierten Bereichen wie der Neuen Mitte, zu der wir später noch gelangen. Die Natur dankt es: Zahlreiche Fische wie Barbe, Nase und Elritze und andere Flusstiere und Vögel wie der seltene Eisvogel haben sich wieder angesiedelt und erfreuen auch die Spaziergänger, die den Fluss inmitten der Stadt ablaufen.

Und in diese Richtung wenden wir uns nun wieder, nachdem wir auf der anderen Nidda-Seite einen ersten Blick auf den **Dottenfelderhof** geworfen haben. Leider gibt es am Römer-Brunnen keine Möglichkeit, den Fluss zu überqueren, auch wenn dies seit Jahren von vielen Bad Vilbelern gewünscht wird. Ein Besuch der ökologisch-dynamischen Hofgemeinschaft lohnt sich trotzdem, deswegen wird ihm auch der »Seitensprung« in diesem Kapitel gewidmet sein (siehe dazu Seite 121). Wer mit der Bahn angereist ist und den »Seitensprung« machen möchte, sollte dies vielleicht jetzt tun, indem er der Büdinger Straße stadtauswärts bis zur Einfahrt zum »Dotti« und schließlich dieser folgt. Autofahrer können den »Seitensprung« bequem hinten anstellen und ihn zum Ende der Tour einplanen.

Nach erneuter Überquerung des Festplatzes folgen wir weiter dem Uferweg entlang der Nidda, vorbei am **Skater- und Sportplatz** am nördlichen Ende des **Burgparks**, der aufgrund seiner Lage auch bei der jungen Bevölkerung nur die »Mulde« genannt wird. Entlang unseres Weges stoßen wir immer wieder auf weitere Bemühungen, den Fluss nicht nur ökologisch, sondern auch für die touristische Nutzung aufzuwerten. Stufen führen zu Sitzplätzen am Ufer, rundherum begrünt. Auch die Bad Vilbeler selbst sollen so den einstigen Kanal wieder als wesentlichen Bestandteil ihrer Stadt begreifen.

Zahlreiche Skulpturen, ein Kräutergarten und ein Arboretum schmücken den Burgpark, der Teil des Kurparks ist. Der berühmte Gartenkünstler Heinrich Siesmayer, der unter anderem den Frankfurter Palmengarten und den Bad Nauheimer Kurpark entwarf, betrieb in Bad Vilbel eine große Baumschule, die zu seinen zentralen Lebenswerken gehörte und deren Sprösslinge auch in den Parkan-

Skulpturen, Flaschenkunst und andere Objekte dekorieren den Burgpark. Kleine Wege führen immer wieder zu Buchten der Nidda

lagen zu sehen sind. Der Kurpark allerdings gehört nicht zu seinen Entwürfen, sondern geht auf seinen Sohn Philip Siesmayer zurück.

Im März 2021 wurden im Rathaus Pläne für einen großflächigen Umbau des Burgparks vorgestellt, die eingeplanten Kosten dafür liegen bei fast einer Million Euro. Dabei soll nicht nur die Mulde umfassend erneuert werden, auch ein Wasserspielplatz gehört zu den Planungen für den neuen »Generationenpark«. Die Stadt baut dabei auf öffentliche Förderungen, weil sie eigentlich bereits im Jahre 2020 als Ausrichter des Hessentags vorgesehen war. Das hatte sich coronabedingt verschoben, ein neuer Anlauf soll nun im Jahr 2025 unternommen werden. Doch in Verbindung mit dem Hessentag sind einige weitere Großprojekte in Angriff genommen worden, auf die wir im Laufe des weiteren Rundgangs noch stoßen werden und im Falle des Radwegs an der Nidda bereits gestoßen sind.

Wir folgen der Biegung der Nidda und stoßen auf den **Mühlen-Steg**, der allein schon durch seine kunstvolle hölzerne Umhausung einen näheren Blick wert ist. Wir befinden uns nun im kultu-

Zwischen Burg und Alter Mühle, im Hintergrund zu sehen, befindet sich der Mühlen-Steg und verbindet so die beiden kulturellen Zentren der Stadt

rellen Zentrum der Stadt Bad Vilbel. Denn jenseits der Nidda stößt man auf die alte königliche Mühle, die erstmals im 9. Jahrhundert erwähnt wurde. Seit 1991 gibt es darin nicht nur Gastronomie und verschiedene kulturelle Fortbildungsangebote, sondern auch Musik und Kleinkunst mit angesagten Künstlern und Newcomern. Vor allem von September bis Mai finden Kulturliebhabende hier ein Zuhause.

Doch noch weitaus größeres überregionales Renommee findet sich wiederum gegenüber auf der Flussseite, von der wir auch gekommen sind. Denn hier stoßen wir auf die Bad Vilbeler **Wasserburg**, Schauplatz der Bad Vilbeler Burgfestspiele. 1986 wurde die Idee entwickelt, in der Ruine der Wasserburg ein Freilichttheater zu eröffnen. Initiatoren waren Bodo Preck, der spätere Intendant der Burgfestspiele, und Bürgermeister Günther Biwer. Im Sommer 1987 fanden dann die ersten Bad Vilbeler Burgfestspiele statt. Auf dem Spielplan stand Dario Niccodemis Komödie »Scampolo«. Aufgrund der guten Resonanz wurde beschlossen, die Festspiele in Bad

Umrahmt von Kunst wird die Bad Vilbeler Wasserburg selbst Schauplatz einer der größten Festspielreihen Deutschlands

Vilbel zur regelmäßigen Einrichtung werden zu lassen. 1990 ist das Angebot um einige Veranstaltungen erweitert worden: Erstmalig wurde Theater für Kinder gezeigt, an fünf Sonntagen fanden literarische Matineen statt, und zum ersten Mal war ein anderes Ensemble zu Gast, die Schlossfestspiele Ettlingen. Ebenfalls 1990 übernahm Klaus Havenstein die Intendanz der Burgfestspiele. Zum fünfjährigen Bestehen der Burgfestspiele wurden 1991 zwei Eigenproduktionen in den Spielplan aufgenommen, zudem ist auch das Gastspielangebot ausgebaut worden. Mit Shakespeares »Ende gut, alles gut« wurden 1994 in Neuwied und Bad Pyrmont erste Gastspielerfahrungen gesammelt.

Seit 1995 wird auch der Burgkeller für Vorstellungen genutzt. Diese Programmstruktur ist in der Spielzeit 2000 um jeweils eine Produktion auf der Hauptbühne und im Burgkeller noch mal erweitert worden. Die Besucherzahlen stiegen kontinuierlich von anfangs etwa 5.000 bis über 100.000. Seit 2011 wurde als neuer Schwerpunkt das Theater für Kinder und Familien ausgebaut – mit eigenen Inszenierungen aus inzwischen drei verschiedenen Sparten: Oper, Musical und Schauspiel. Die Burgfestspiele zeigen inzwischen 10 Inszenierungen und über 200 Vorstellungen pro Saison. Damit nehmen sie regelmäßig den Spitzenrang in Hessen und Top-Plätze unter den deutschen Burgfestspielen ein.

Exkurs: Die Geschichte der Herren von Vilbel und ihrer Burg

Vilbel war nicht immer der größtenteils friedliche Ort, der er heute ist. Erstmals urkundlich erwähnt wird Bad Vilbel im Jahre 744 in einer Schenkungsurkunde an das Kloster Lorsch als »Felwila«. Das bedeutet so viel wie »Ort beim alten Gemäuer mit Weiden«. Spätere Schreibweisen sind beispielsweise »Filbel« und »Fülfel«. Bereits im 12. oder 13. Jahrhundert wurde die Vilbeler Wasserburg errichtet, möglich ist auch ein deutlich älterer Vorgängerbau flussabwärts, der als Festung diente. Die ältesten Teile der Wasserburg befinden sich im unteren Teil des Turmbaus. Raubritter Bechtram V. von Vilbel geriet nach mehreren Überfällen ins Visier seiner Lehnsherren, den Grafen von Hanau und den Herren von Falkenstein. Diese eroberten gemeinsam mit der Stadt Frankfurt die Burg und zerstörten sie im Jahr 1399. Doch die Burg wurde wieder neu und größer aufgebaut. So geht die heutige Ruine zum größten Teil auf den Neubau unter dem Trierer Erzbischof Werner von Falkenstein um 1414 zurück. Darunter fällt auch der Bau des Palas, der später verändert wurde. Das Wappen von Werner von Falkenstein ist an der Nordseite über dem spitzbogigen Tor rechts des Turms zu sehen. Nach dem Tod Werners wurde die Burg aufgeteilt und von verschiedenen Geschlechtern sowie der Stadt Frankfurt verwaltet, bis die Herren von Eppstein-Königstein bis zum Jahr 1503 wieder sieben Achtel des Besitzes an sich brachten und schließlich 1559 auch noch das fehlende Achtel vereinnahmten. 1590 übernahmen die Kurmainzer die Herrschaft und installierten hier einen Amtmann. Weitere Bau- und Instandhaltungsarbeiten lassen sich in den Jahren nach dem Dreißigjährigen Krieg und im 18. Jahrhundert nachweisen.

Die erneute Zerstörung der Burg geht auf französische Truppen im Jahr 1796 zurück. Bis 1816 gehörte die Burg dem Großherzogtum Hessen-Darmstadt, wurde dann mehrfach getauscht und verkauft und ist seit 1955 im Besitz der Stadt Bad Vilbel. Von 1959 bis 2010 war im ehemaligen Stallgebäude das Brunnen- und Heimatmuseum untergebracht, seit 1987 finden die Burgfestspiele in der Ruine statt. Der zeitweise verfüllte Graben ist wieder ausgehoben, der ihm ursprünglich vorgelagerte Wall ist abgetragen. Regelmäßig steckt die Stadt hohe Summen in die Erhaltung der Burg, aber auch den Ausbau der Infrastruktur der Burgfestspiele. Im und am Wassergraben zu finden sind 69 Eichenholz-Skulpturen, die vom Künstler Stephan Guber unter dem Titel »Das Paradies« zusammengefasst wurden.

Wer die Burg bereits jetzt erkunden möchte, kann dies natürlich tun. Doch wir kehren noch einmal an diese Stelle zurück und nehmen dann die andere Seite der Burg in Augenschein. Weiter über den Niddauferweg geht es nun über die Friedberger Straße in den

Bereits am Eingang zum Kurpark erwartet einen der erste Trinkbrunnen, begleitet von Flaschenkunst

Bei Hassia um 1905: Dieses Graffiti wurde vom international bekannten Künstler Case erstellt

zweiten Teil der Parkanlagen und den eigentlichen **Kurpark**. Hier gibt es nicht nur den Brunnen an der Rathausbrücke, der um 1990 von Hassia angelegt wurde, sondern man kann auch einen Blick auf die sogenannte »Flaschenkunst« werfen, die an vielen Standorten in der Stadt angebracht wurden. Zum 150-jährigen Bestehen des Unternehmens 2016 konnten Schulklassen diese Flaschen bemalen. Sie ergänzen die öffentliche Kunst, die unter anderem durch großflächige **Graffiti-Kunstwerke** die Stadt prägen. Inzwischen gibt es über 40 Street-Art-Kunstwerke in der Stadt, so dass Bad Vilbel den Nachbarn Frankfurt in dieser Beziehung längst überholt hat. 2020 führte dies zur ersten Ausgabe des Festivals »Wallstorytown«, das viele internationale Street-Art-Künstler in die Stadt lockte. So etwa, wenn man auf dem weiteren Weg in den Kurpark nach links über die Nidda schaut und an der rückwärtigen Fassade eines Restaurants ein Graffiti sieht, das den Verladebetrieb bei Hassia um 1905 und die Umstellung von Tonkrügen auf Glasflaschen darstellt. Es prangt am früheren Hassia-Gebäude und wurde vom Graffiti-Künstler Case erstellt.

Der Hassia-Sprudel-Tempel mit dem Römermosaik im Hintergrund

Und erneut stoßen wir auf einen kunstvoll gestalteten Trinkbrunnen, den **Hassia-Sprudel-Tempel** mit unterirdischer Quellenanlage. Er wurde 1936/1937 von Wilhelm und Otto Hinkel gemeinsam mit der Stadt erbohrt. Das Wasser gelangt aus einer Tiefe von 120 Metern an die Oberfläche.

Nur wenige Meter weiter stoßen wir in die Antike vor: Im Jahr 1849 fanden Arbeiter bei Trassierungsarbeiten der Main-Weser-Bahn in der Nähe des heutigen Südbahnhofs Überreste einer römischen Badeanlage, die vermutlich zu einem römischen Landgut gehörte. Das 33 Quadratmeter große **Römermosaik** wurde rekonstruiert und kann im 2007 eröffneten Ausstellungspavillon mitten im Park besichtigt werden *(So. 12–18 Uhr, Apr.–Okt. zusätzlich Fr. + Sa. 14–17 Uhr, Eintritt frei, Führungen nach Vereinbarung, Tel. 06101-559312, fuehrungen@bad-vilbel.de)*. Zu bestaunen gibt es 37 Fabelwesen und Meerestiere, aber auch die Meeresgottheit Oceanus. Verstärkt wird der Eindruck noch durch das Wasser, das – wie in der Antike – über das Mosaik fließt und die Figuren scheinbar zum Leben erweckt. Das Original befindet sich im Hessischen Landesmuse-

Durch das Wasser wirkt das Römermosaik lebendig

um in Darmstadt. Doch Hassia und die Stadt Bad Vilbel wollten es auch der Bevölkerung zugänglich machen und ließen es durch sizilianische Mosaikkünstler in seiner Gänze rekonstruieren. Fehlende Teilflächen des Originals wurden in Zusammenarbeit mit den Wissenschaftlern des Römerkastells Saalburg im Taunus ergänzt. Für den Mosaikboden mit einer Größe von gut sieben mal knapp fünf Metern wurden rund 400.000 Marmor- und Kalksteine verarbeitet.

Eine Vitrine mit Illustrationen und Repliken von Badeutensilien lässt die Atmosphäre des Badealltags spüren. Zwei weitere Vitrinen zeigen einen Teil der wenigen Originalfunde, die von dem Badegebäude erhalten sind, überwiegend Bauteile der Fußboden- und Wandheizung. Reich mit Fotos und Grafiken bestückte Tafeln informieren über das Römische Reich und das Leben zu dieser Zeit im Gebiet um das heutige Bad Vilbel. Themen sind auch das Badegebäude, in dem sich das Mosaik befand und die Badekultur, die zur damaligen Zeit einen großen Stellenwert hatte.

Blütenpracht im Kurpark mit Blick auf den Teich

Wir passieren den Römer-Spielplatz mitten im Kurpark und das **Ehrenmal** zum Gedenken an die gefallenen Soldaten des Ersten Weltkriegs, das in der Zeit des Nationalsozialismus errichtet wurde. Nach 1945 wurden NS-Symbole entfernt. Die Anlage steht aber wie der Kurpark bis einschließlich des Kurhauses unter Denkmalschutz. Blütenpracht und einladende Rasenflächen begleiten uns auf unserem weiteren Weg durch den sich nun verbreiternden Kurpark, bis wir zum Teich und dem dahinter befindlichen **Kurhaus** gelangen. Und zum Thema breiter Diskussionen in den 2010er Jahren.

Alles begann mit einem Aprilscherz der Bad Vilbeler Neuen Presse, als Redakteur Dennis Pfeiffer-Goldmann im Jahr 2011 den Hessentag für das Jahr 2015 in der Nachbarstadt Karben vermeldete. Karbens Bürgermeister Guido Rahn lachte damals herzlich, doch nur zwei Wochen später wurden Überlegungen laut, warum man sich denn nicht für das zehntägige Großereignis bewerben solle. Es gab auch die Überlegung, das Fest gemeinsam mit Bad Vilbel zu stemmen. Doch Karbens Politik stimmte letztlich gegen das Mam-

Vom Kurpark-Teich fällt der Blick auf das im Umbau befindliche Kurhaus, das dabei auch kräftig erweitert wird

mutprojekt. Bereits damals gärte es aber in den Bad Vilbelern, das Ereignis 2015 in die Quellenstadt zu holen. Das Vorhaben scheiterte knapp im Parlament. Doch die Idee starb nicht. Und so kam es schließlich später doch zu einer Bewerbung der Stadt, die den Zuschlag für das Jahr 2020 erhielt. Wegen der Corona-Pandemie musste man sich aber gedulden. Nach einer neuerlichen Bewerbung steht nun 2025 als Jahr der Ausrichtung an.

Doch was hat das mit dem Kurhaus zu tun? Vieles. Denn schon lange gab es Diskussionen darüber, wie man das nicht sonderlich ansehnliche Kurhaus in Form bringen und dabei auch den Denkmalschutz berücksichtigen könnte. 1927/28 hat eine Bewegung aus der Arbeiterschaft an der Errichtung des Volkshauses mitgewirkt. Grundsteinlegung war am 29. Mai 1927. Auf rund 180.000 Reichsmark beliefen sich damals die Kosten für Gebäude und Grundstück. Die Initiative der Arbeiterschaft war vom städtischen Mittelstand finanziell mitgetragen worden.

Bereits mit den ersten Gedanken an einen möglichen Hessentag rückte das Volkshaus in den Fokus des Interesses. Schon 2012 wurden Ideen für einen großflächigen Um- und Anbau laut. Doch diese mussten zunächst wieder verworfen werden. Als sich aber die Ausrichtung des Hessentages 2020 konkretisierte, kamen die Pläne wieder ans Tageslicht. Nach vielen Diskussionsrunden, einem Architektenwettbewerb und Ausschreibungen standen die Pläne für eine neue Stadthalle mit 1.200 Plätzen für Besucher. Der Anschluss an das alte Kurhaus erfolgt über eine Orangerie. Ein Hotel samt Tiefgarage komplettiert das Ensemble. Rund 40 Millionen Euro sollten laut Planungen in die neue Stadthalle fließen, weitere 33 Millionen in das angeschlossene Hotel. Der erste Spatenstich erfolgte im September 2018. Doch schnell wurde klar, dass die Fertigstellung bis zum Hessentag 2020 nicht zu halten war. Insofern konnte die Stadt fast dankbar sein, dass die Corona-Pandemie den ganzen Zeitplan nach hinten verschoben hat.

Exkurs: Riesiges Spaßbad erlebt Verzögerungen

Um den neuen Kurhaus-Komplex zu errichten, musste auch das alte Hallenbad der Stadt abgerissen werden. Auch dabei handelte es sich nicht gerade um einen optisch ansprechenden Bau, auch wenn viele Bad Vilbeler der Einrichtung ob ihrer Erinnerungen an eigene Erlebnisse hinterhertrauerten. Doch auch hier zeigte sich, dass die Bad Vilbeler Planer lieber klotzen statt kleckern. Denn bereits Anfang der 2000er Jahre sah ein Entwicklungskonzept ein Kombibad vor, das nicht nur das reine Schwimmen, sondern auch Wellness und den Spaßfaktor in den Vordergrund heben sollte. Gute zehn Jahre später zeigte sich Erfolg: Der Spaßbad-Betreiber Josef Wund, der unter anderem Europas größte Therme in München-Erding betrieb, stellte seine Pläne für Bad Vilbel vor. Es sah ein kommunales Becken für Schwimmkurse, Schulen und Vereine vor. Doch weitaus größer waren die Entwürfe, was Saunalandschaft, Wellness, Tropenparadies unter Cabrio-Dach, Gastronomie und Hotel anging. Summen von rund 200 Millionen schwebten im Raum für das Projekt, das in unmittelbarer Nähe zur Bundesstraße 3 im Übergang von Bad Vilbel zum Stadtteil Massenheim entstehen sollte.

Es kam aber zunächst anders. Kurz nach dem Erhalt der Baugenehmigung für das Mega-Projekt stürzte Josef Wund im Dezember 2017 mit einem Flugzeug ab und starb. Eine Stiftung sollte die weiteren Planungen übernehmen, doch eine Verwaltungsreform in Baden-Württemberg, dem Firmensitz Wunds, verzögerte alles erheblich. So konnte erst im Januar 2021 ein neuer und überarbeiteter Bauantrag gestellt werden, ebenfalls in gewaltigen Bau-Dimensionen. Der Zeitpunkt der Fertigstellung war für 2023 geplant, doch zum Zeitpunkt der Drucklegung dieses Buches sieht es nach weiteren Verzögerungen aus.

Bevor wir die Flussseite wechseln, halten wir uns noch kurz linkerhand am Kurhaus vorbei und passieren den Eingang zur **Tourist-Info** der Stadt Bad Vilbel (während der Umbauarbeiten in der Frankfurter Straße 74). Etwas weiter stoßen wir auf einen weiteren Brunnentempel. Der **Friedrich-Karl-Sprudel-Tempel** mit Trinkgelegenheit für Sprudel-Heilwasser. Der unter Denkmalschutz stehende Quellentempel wurde im Auftrag von Dr. Albert Vogelsberger 1938/1939 erbaut und befindet sich ebenfalls im Besitz von Hassia.

Der Friedrich-Karl-Sprudel im Kurpark

Nun überqueren wir die **Mediatheksbrücke**, die vielleicht wie kein anderes Bauwerk jüngeren Datums den Wandel der Stadt Bad Vilbel in den vergangenen Jahrzehnten beschreibt. Als es darum ging, den wirklich unansehnlichen Zentralparkplatz aufzuwerten, kam es zum Auftritt der Visionäre, die einmal mehr eine große Lösung statt Flickschusterei anstrebten. Ihnen schwebte eine

Preisgekrönt: die Mediatheksbrücke

Brücke vor, auf der sich die neue Stadtbibliothek befinden sollte. Drumherum planten sie die Neue Mitte mit Geschäften und Gastronomie sowie einen großen Freiplatz für Wochenmärkte und andere Veranstaltungen.

Es gab einmal mehr heftigen Gegenwind. Letztendlich kam es im Mai 2010 zu einem Bürgerentscheid. Dabei behielten die Gegner des Projekts zwar die Oberhand. Doch fehlten ihnen am Ende rund 300 Stimmen, um die notwendige Mindestanzahl an Stimmen zu erhalten (25 Prozent der Wahlberechtigten waren notwendig). 2013 wurde die Neue Mitte eingeweiht. Und inzwischen gibt es höchstens noch hinter vorgehaltener Hand kritische Stimmen an dem Projekt, das dem Zentrum der Stadt ein neues Gesicht gegeben hat. Und auch wenn man kein Buch ausleihen möchte, lohnt sich ein Blick ins Innere allemal.

Wer möchte, kann hier eine Abkürzung nehmen und über die Neue Mitte zur Frankfurter Straße laufen (Fortsetzung des Rundgangs auf Seite 113). Für alle anderen geht es ein Stück weiter entlang der Nidda, nun aber auf der anderen Seite. Von hier aus kann

Noch im Bau: die neue Stadthalle mit Orangerie, davor der Brunnentempel

man noch einmal die neue Stadthalle und den davor befindlichen Quellentempel auf sich wirken lassen und auch den Verlauf der Nidda unter der Mediatheksbrücke. Wir folgen dem Fußweg und biegen vor der großen Brücke der Kasseler Straße nach links in die Wiesengasse ab, bis wir auf die Kasseler Straße stoßen. Ein großer

Der Südkreisel markiert den Eingang zum alten Stadtkern

Kreisverkehrsplatz begrüßt uns auf dem Weg in die Frankfurter Straße und damit in die Innenstadt. Auf der anderen Seite des Kreisels ist ein langgezogenes klassizistisches Gebäude zu erkennen, das um 1830 als Zolldirektion an der Grenze des Großherzogtums Hessen-Darmstadt zur Freien Reichsstadt Frankfurt errichtet wurde. Seit den 1850er Jahren diente es als Landgericht, heute befinden sich Wohnungen darin.

Moderne Heilige: Das Werk von Herakut ist mehrere Stockwerke hoch

An der Hauswand der Süd-Apotheke finden wir einen weiteren Beweis dafür, dass **Graffiti-Kunst** durchaus als solche bezeichnet werden darf. Zum Quellenfest 2015 verewigten sich hier die beiden Künstler Hera und Akut. Die Gestaltung hat das Thema: »There are saints among us – Modern Saints«. Tief beeindruckt vom Mut und Tatendrang der Friedensnobelpreisträgerin Malala Yousafzei aus Pakistan widmete sich das Künstlerduo Herakut in diesem Jahr den vielen kleinen und großen Helden, die unsere Welt Stück für Stück ein wenig besser machen. Das Kunstwerk ist mehrere Stockwerke hoch und sendet die klare Botschaft: »Geben geht nicht nur in eine Richtung!« Das gilt sowohl für den Respekt als auch die Zuneigung.

Die Umgestaltung der Stadt hat indes auch nicht vor der Frankfurter Straße Halt gemacht. Was vor wenigen Jahren noch ein Flickenteppich mit Stolperfallen war, erhielt ein neues und einheitlicheres Gesicht, wenn auch noch nicht an allen Stellen. Doch erneut

Der Elefant von Case ist ein sogenanntes Mural, also Wandmalerei

fällt uns auf der linken Straßenseite eines der großflächigen Graffiti auf: Der **Elefant** wurde zum Quellenfest 2016 von Case entworfen und an die Hauswand gebracht.

Rechterhand stoßen wir bei Hausnummer 85 auf einen Gebäudekomplex, der aus Bauten auf drei Höhenstufen besteht. Es handelt sich um die **Stadtschule**, und hier finden wir einen Hinweis auf die Geschichte der **jüdischen Gemeinde** der Stadt. Eine Ehrentafel am vorderen Gebäude erhält das Gedenken an Dr. Albert Chambre aufrecht. Chambre war Leiter der früheren Realschule und wurde 1938 in Dachau ermordet. Die Geschichte der jüdischen Gemeinde in Bad Vilbel wurde inzwischen zu großen Teilen aufgearbeitet, in die Gehwege eingelassene »Stolpersteine« des Künstlers Gunter Demnig erinnern wie in zahlreichen anderen Städten in Deutschland an die früheren Bewohner der jeweiligen Häuser, vor denen die Steine zu finden sind. Zahlreiche Steine befinden sich in der Frankfurter Straße und im angrenzenden Wasserweg, der früheren Judengasse. 90 Prozent der Geschäfte in der Frankfurter Straße sind vor der Zeit des Nationalsozialismus von Juden betrieben worden.

Wie in zahlreichen anderen Städten in Deutschland auch hatten die Nationalsozialisten die Synagoge beschädigt. Angezündet hatten sie sie wegen der dicht stehenden Nachbarhäuser nicht. Doch stürmten die Nazis auch von Juden bewohnte Bad Vilbeler Häuser,

Die Neue Mitte hält, was sie verspricht: Sie ist der zentrale Treffpunkt für Bad Vilbeler

um zu prügeln und zu plündern. Dabei kam der Getreidehändler Simon Wechsler zu Tode. Anfang der 1980er Jahre gründete Rafael Zur gemeinsam mit anderen Juden die neue jüdische Gemeinde der Stadt und stand der Gemeinde lange vor. Der Rückkauf der früheren Synagoge scheiterte aber, ein zwischen 1988 und 1993 existierendes Diaspora-Museum musste wegen Geldmangels aufgegeben werden. Immerhin aber hat das städtische Parlament bereits im Jahr 1987 beschlossen, die Geschichte der Bad Vilbeler Juden aufarbeiten zu lassen. Ein daraufhin erschienenes Buch wurde allerdings zu einem Politikum und mündete in einem Rechtsstreit. Der Verein für Geschichte und Heimatpflege betreibt weiter die Aufarbeitung der Geschichte der jüdischen Gemeinde.

Wir begeben uns weiter in die Innenstadt und sehen nach gut 100 Metern die **Neue Mitte** in voller Pracht. Wasserspiele dekorieren den offenen Platz, der für Wochenmärkte und Feste genutzt wird. Geschäfte und Gastronomie laden zum Verweilen ein, ebenso die Stufen an der Nidda, die vor allem im Sommer gerne für einen

Früher die Gastwirtschaft Zum Karpfen: Rokoko-Elemente schmücken die Fassade dieses Hauses in der Altstadt

Plausch bei Kaffee oder Eis genutzt werden. Der Name Neue Mitte hält, was er verspricht. Die Bad Vilbeler haben den Komplex als neues Zentrum angenommen. Dort, wo sich einst Autos auf einem unansehnlichen Parkplatz drängten, herrscht heute Geschäftigkeit, aber auch Lebensfreude. Zeit für eine Kaffeepause oder eine Mahlzeit? Dann hier! Doch auch einige andere Lokale entlang der Frankfurter Straße wie das Haus **Zur Krone** in der Frankfurter Straße 11 sind einen Besuch wert. Veganes und Vegetarisches gibt es im **Apfelkern & Kolibri** an der Einmündung zum Erzweg. Und wer klassische oder raffinierte Cocktails mag, ist in der **Genusserie** richtig.

Auf dem weiteren Weg entlang der Frankfurter Straße werden die Gebäude zunehmend älter. Es ist die **Vilbeler Altstadt**, oder eher das alte Dorf, das sich rund um eine Niddafurt entwickelte. In diesem Areal befinden sich fast alle historischen Gebäude von Relevanz. Fachwerke, Elemente des Rokoko und Barock schmücken die Häuser, in denen sich früher viele der historischen Gastwirtschaften und Herbergen befanden. Eines von vielen Beispielen ist das Haus mit der Nummer 36. Im Jahr 1772 erbaut, kann man hier Elemente des Rokoko auf der Frontfassade erkennen. Im Haus befand sich früher die Gastwirtschaft »Zum Karpfen«. Oder auch das stattliche verputzte Fachwerkhaus mit der Hausnummer 4. 1696 erbaut, wurde es in der Übergangsphase von Spätbarock zu Klassizismus um 1800 erweitert. Hier befand sich früher das Gasthaus »Zum Goldenen Engel«, worauf eine kaum zu übersehende goldene Figur an der Frontfassade noch hinweist.

Wir laufen nun geradewegs auf das **Historische Rathaus** der Stadt Bad Vilbel am alten Marktplatz zu. Dort, wo einst die Handelsstraßen aus Frankfurt, Friedberg, Hanau und Gronau zusammenstießen, wurde vermutlich um 1570 der Bau errichtet. Es erhielt mehrere Umbauten, das Erdgeschoss wurde in der ersten Hälfte des 19. Jahrhunderts mit Rundbogen-Portal und Rundbogen-Fenstern umgebaut. Die Stadt nutzt das Gebäude noch immer, etwa für kleinere Empfänge im festlichen Rahmen. Aber auch das Standesamt ist mit einem Trauzimmer dort untergebracht.

Das Historische Rathaus dient heute unter anderem als Standesamt

Der historische Ziehbrunnen vor dem Brunnen- und Bädermuseum

Etwas versetzt dahinter befindet sich das **Brunnen- und Bädermuseum**, das auf den einst wichtigsten und auch heute immer noch wichtigen Wirtschaftsfaktor der Stadt eingeht. Auf dem Platz links des Historischen Rathauses stoßen wir bereits auf die **Nachbildung eines historischen Ziehbrunnens**. Rund um unseren Standort wurden zahlreiche flache Hofbrunnen errichtet, das Wasser wurde in Steinzeugkrügen geschöpft und gemeinsam mit Scheuersand von den »Vilbeler Sand- und Wasserbuben« nach Frankfurt und in andere Orte gebracht. Von 30 Betrieben ist einer übrig geblieben: Das Unternehmen Hassia ist mit seinen vielen Wasser-, Saft- und Limonadenmarken einer größten Konzerne Deutschlands in diesem Segment.

Nun aber zum Brunnen- und Bädermuseum *(Marktplatz 3, So. 12–18 Uhr, Eintritt frei, Führungen nach Vereinbarung unter fuehrungen@bad-vilbel.de oder Tel. 06101-559312)*. Das Museum bietet den Besuchern einen umfangreichen Überblick über die mehr als 450-jährige Geschichte der Bad Vilbeler Mineralquellen, die zugleich auch ein Stück Familien- und Industriegeschichte widerspiegelt. Das Museumsgebäude am Marktplatz 3 stammt aus der zweiten Hälfte des 17. Jahrhunderts, beherbergte zwischen 1717 und 1933 die Gastwirtschaft »Zum Hirsch«, gehörte dann zum Luisenbrunnen und stand im Zentrum von ehemals 30 Mineralbrunnenbetrieben. Heute gehört das Gebäude der benachbarten Frankfurter Volksbank, es wurde aber langfristig an die Stadt vermietet, die dort 2010 ihr neues Brunnen- und Bädermuseum einrichtete, das sich zuvor noch in der Burg befand.

In den einzelnen Abteilungen werden Themen wie die Erschließung neuer Quellen, die Technik des Abfüllprozesses im Wandel der Zeit, die wechselnden Verpackungen, die Geschichte der Brunnenbetriebe und vieles mehr angesprochen und dargestellt. Ebenfalls zu sehen sind historische Maschinen aus dem 20. Jahrhundert und ein Film über die moderne Abfülltechnik der Gegenwart. Die Nachbildung eines Baderaumes von 1905 entführt in die Zeit der Kurbäder.

Die Technik des Abfüllprozesses im Wandel der Zeit: Blick in das Brunnen- und Bädermuseum

Erinnerung an die Anfänge: Der Obelisk mit Friedrich Carl Grosholz dahinter erinnert an den Aufstieg Vilbels zur Stadt der Quellen

Der Obelisk in der Mitte des Platzes erinnert an den Bad Vilbeler Urquelle-Brunnen. Dahinter »sitzt« ein Mann, der für den Aufstieg Vilbels zur Stadt der Quellen verantwortlich zeichnete: Friedrich Carl Michael Grosholz' Vater verstarb früh, seine Mutter konnte es sich nicht leisten, ein Kind zu haben und gab ihn weg. Er erlernte den Beruf des Geometers in der Pfalz. Für eine Arbeitsstelle als Katastergeometer kam er nach Vilbel. Hier gründete er eine Familie. Und auch beruflich ging es bergauf. Von seinen Verdiensten erwarb er eine Nudelfabrik und betrieb später auch einen Gemischtwarenladen. Aber sein größter Erfolg basiert wohl auf einem Zufall. In seinem Garten entdeckte Grosholz eine Mineralquelle, deren Wasser nicht nur gut schmeckte, sondern auch leicht prickelte. »Ob seines guten Wassers wird unsere schöne Stadt Vilbel dereinst weithin gerühmt werden«, wusste der umtriebige Geschäftsmann und sollte Recht behalten. Grosholz vertrieb das Wasser in der Region und begründete somit den Erfolg der Stadt. Am 17. Januar 1888 starb Grosholz, eigentlich immer bester Gesundheit, im Alter von 78 Jahren unerwartet an einem Schlaganfall.

Doch eigentlich beförderte Grosholz nur, was schon deutlich länger bekannt war. Denn der Arzt Jacobus Theodorus Tabernaemontanus (latinisiert nach seiner Herkunft Bergzabern) empfahl bereits im Jahr 1569 das »Fülfeler Wasser gegen die Leibsblödigkeit«, also gegen Magenschmerzen. Ihm zu Ehren ist ein kleiner Fußweg gegenüber des Marktplatzes entlang des Nidda-Ufers benannt.

Dennoch sollte es noch mehrere Jahrhunderte dauern, bis die Stunde des Heilbades Bad Vilbel schlagen sollte. Carl Brod hatte am 21. Juli 1900 Erfolg mit einer Bohrung, die einen mächtigen Sprudel zutage förderte. Zunächst wurde er nach der Großherzogin Viktoria-Melita benannt, später in Brod'scher Sprudel umgetauft. Brod richtete auch Badezellen ein. 1910 wurde der Sprudel als Heilquelle anerkannt, 1948 erhielt die Stadt das Prädikat Bad. Doch bereits in den 1960er Jahren wurde der Kurbetrieb in großen Teilen aufgegeben, es drohte mehrfach sogar die Aberkennung des Titels, für den mehrere Kriterien erfüllt werden müssen, die Bad Vilbel gerade so und zeitweise gar nicht erfüllte. Mit der geplanten Thermenwelt soll sich dies dauerhaft ändern.

Wir gehen über die **Rathausbrücke** und kreuzen unseren früheren Weg, der uns in das Stadtzentrum führte. Unser Weg verläuft am sogenannten **Stadthaus** vorbei. Zwischen 1852 und 1874 befand sich hier das Landratsamt des früheren Landkreises Vilbel, später war es Pfarrhaus. Heute befinden sich dort Abteilungen der Stadtverwaltung. Bevor wir direkt hinter dem Stadthaus nach rechts in den Klaus-Havenstein-Weg abbiegen, werfen wir noch einen Blick auf das Gebäude, das sich in der Kurve geradeaus vor uns befindet. Der Schriftzug »Kronia-Quelle« weist darauf hin, dass sich auch hier ein weiterer Mineralwasser-Betrieb befunden hatte.

An einem kleinen Parkplatz vorbei geht es nun auf die andere Seite der **Wasserburg**. Gegenüber liegt die frühere Zehntscheune, die gegen Ende des 17. Jahrhunderts errichtet wurde und heute einen Teil der Burgfestspiele beherbergt, so etwa Werkstätten. Wir passieren die Burg und gelangen erneut in den Burgpark, den wir nun auf einem anderen Weg in Richtung Festplatz durchqueren. Am Ende fällt uns ein langgezogenes Gebäude auf, das Sitz des größten hessischen privaten **Radiosenders FFH** ist. Wer Interesse daran hat, zu erfahren, wie Radio heutzutage gemacht wird, kann für eine Führung anfragen (www.ffh.de). Diese dauert dann 90 Minuten.

Schauplatz der Burgfestspiele: die Wasserburg

Und wer nun nach den vielen Geschichten über Wasser und Quellen einmal beim Unternehmen **Hassia** vorbeischauen möchte, kann auch dies tun. Hassia bietet nicht nur Betriebsführungen an, sondern betreibt seit 2004 im Besucherzentrum in der Gießener Straße auch ein eigenes Museum. Das zeigt die Unternehmensgeschichte, die auch immer Familiengeschichte war, und stellt historische Maschinen zur Schau *(Tel. 06101-4030, www.hassia.com)*.

Veranstaltungen:

Quellenfest an sechs Tagen rund um Pfingsten in der Innenstadt mit Konzerten, Bootsrennen, Führungen, Straßenmarkt, Sportveranstaltungen, Kinderspielfest und vielem mehr. Dazu **Römerbrunnenfest** an Pfingstmontag am Römerbrunnen nördlich der Büdinger Straße. Dabei Inthronisation der Quellenkönigin, römisches Feldlager und Musik

Bad Vilbeler Markt: Über 200-jährige Tradition auf dem Festplatz. Größter Jahrmarkt der südlichen Wetterau mit rund 250.000 Besuchern, sieben Markttage, davon zwei Wochenenden im August

Weihnachtsmarkt in der Wasserburg: drittes Adventswochenende. Budenzauber und Bühnenprogramm

Seitensprung – Dottenfelderhof

Auf Du und Du mit der Kuh

Ein Ort mit besonderer Geschichte ist der Dottenfelderhof, der weit über die Grenzen Bad Vilbels hinweg bekannt ist. Nicht nur, weil er bereits seit 1946 biologisch-dynamisch bewirtschaftet wird, sondern auch, weil die Direktvermarktung immer größere Ausmaße annahm, so dass nun seit jüngerer Zeit eine Art Supermarkt Produkte des Hofes und seiner Partner anbietet. Interessant ist der Ort aber auch, weil er Kindern wie Erwachsenen umfassende Einblicke in die Produktion landwirtschaftlicher Produkte gewährt.

Strecke: nach Belieben
Dauer: nach Belieben
Start: Mit dem Auto auf der Büdinger Straße Richtung Gronau, Beschilderung nach links Richtung Dottenfelderhof folgen.
ÖPNV: Ab Heinrich-Heine-Straße Buslinie FB-62 bis Haltestelle Dottenfelderhof, von dort gut 300 Meter der Straße zum Hof folgen.

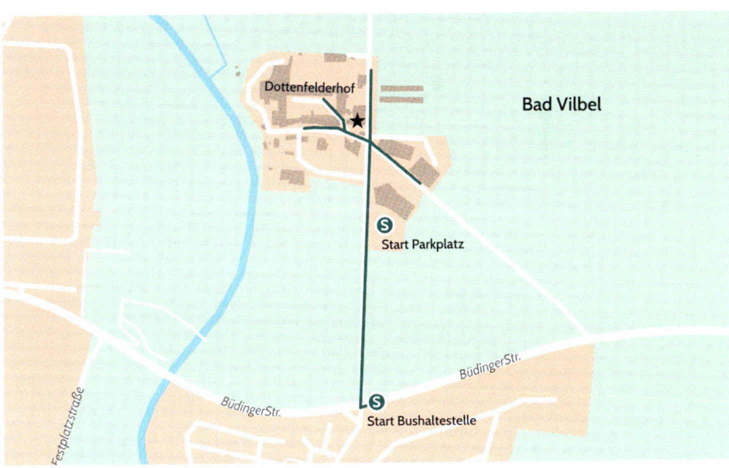

Ländlicher Charme: Der Dottenfelderhof ist ein Platz mit Atmosphäre

Die erste urkundliche Erwähnung des Dottenfelderhofes *(www.dottenfelderhof.de, zugänglich Mo.–Sa.)* stammt aus dem Jahre 976 aus einer Lehensurkunde. Er blieb bis 1803 in klösterlichem Besitz. Danach ging er an die Landgrafschaft Hessen, die die Fläche 1951 an die Nassauische Siedlungsgesellschaft verkaufte. Von dieser Zeit an wurde er mehr und mehr Spekulationsobjekt und dadurch Gegenstand eines dramatischen Kampfes seiner Pächter um die Erhaltung.

Der Dottenfelderhof wurde seit 1946 biologisch-dynamisch bewirtschaftet, früher belächelt, heute wegweisend. Nach einer Zwischenphase konventioneller Bewirtschaftung von 1958 bis 1968 lief der Pachtvertrag mit den damaligen Pächtern aus. Es gründete sich im März 1968 die Betriebsgemeinschaft Dottenfelderhof, fünf Familien waren die Pioniere dieses neuen Aufbruchs, die sich für das Zusammenleben in einer Art Kommune nach anthroposophischem

Vorbild entschieden. Diese Gemeinschaft wurde nach langen Verhandlungen mit dem Hessischen Landwirtschaftsministerium Pächter des Hofes. Sie erhielt einen auf fünf Jahre befristeten Pachtvertrag, der nur verlängert werden sollte, wenn die Wirtschaftlichkeit durch Jahresbilanzen, die Erhaltung der Bodenfruchtbarkeit durch wissenschaftliche Gutachten und die Funktionsfähigkeit der Betriebsgemeinschaft nach Ablauf dieser Frist nachgewiesen werden könnten. Die vierte Bedingung verhieß, dass eine Verlängerung des Pachtvertrages nur infrage käme, sofern keine übergeordneten Nutzungsansprüche von offizieller Seite an die Betriebsfläche gestellt würden.

Trotz schwieriger Startbedingungen konnten die ersten drei Punkte erfüllt werden. Nach harten Auseinandersetzungen um Punkt vier wurde daraufhin im Jahre 1973 der Pachtvertrag um 18 Jahre verlängert. Doch der Druck der Behörden und des Bodenmarktes

Alte Gemäuer, moderne Methoden: Der Dottenfelderhof ist ein ökologisch-dynamischer Vorzeigebetrieb

blieb bestehen. Nach Vorlage einer Denkschrift an das Land Hessen konnte zum Jahresende 1979 eine längerfristige Zukunftssicherung des Hofes erreicht werden. Auf Vorschlag der Betriebsgemeinschaft erwarb der gemeinnützige Verein Landbauschule Dottenfelderhof die Hofgebäude und etwa 20 Hektar umliegenden Landes und das Land Hessen die restlichen 130 Hektar. Diese wurden zu Bedingungen der Domänenpacht auf 18 Jahre an die Landbauschule verpachtet. Im Jahre 1981 begründete sich dann die Landwirtschaftsgemeinschaft Dottenfelderhof GbR, die als Unterpächterin die Bewirtschaftung des Hofes betreibt. Die Mitglieder der Betriebsgemeinschaft sind gleichzeitig Mitglieder der Landwirtschaftsgemeinschaft mit geschäftsführender Verantwortung. 1995 wurde die Landwirtschaftsgemeinschaft Dottenfelderhof in eine Kommanditgesellschaft umgewandelt. Mehrere Familien bilden auch heute noch die Betriebsgemeinschaft. 2018 konnten durch die Dottenfelder Bodenstiftung die zuvor von der Landbauschule gepachtete Fläche vom Land Hessen zugekauft werden. Heute arbeiten über 100 Menschen auf dem Hof.

An der 1974 gegründeten Landbauschule Dottenfelderhof werden Bauern, Gärtner, Gartenbauer, Einzelhandelskaufleute, Käser, Bäcker und Konditoren ausgebildet. Hinzu kommen Bundesfreiwillige und ein Freiwilliges Ökologisches Jahr Leistende sowie Schüler aus der ganzen Welt. International bekannt ist der Dottenfelderhof vor allem durch seine Forschung und biologisch-dynamische Pflanzen-Getreide- und Gemüsezüchtung. Die Besonderheit der klassischen Kreuzungs- und Selektionszüchtung ist, dass sie »on Farm« erfolgt. Das heißt: innerhalb der Fruchtfolge eines Betriebes und damit automatisch angepasst an die Bedürfnisse und Bedingungen des biologisch-dynamischen Landbaus. Ziel ist es, die Sorten beim Bundessortenamt anzumelden. Seit 1977 ist der Hof eine Zweigstelle des Instituts für biologisch-dynamische Forschung Darmstadt.

Auch Kühe, Schweine, Hühner, Pferde und Schafe leben auf dem Hof. Auf einem Blumenfeld können Besucher sich selbst einen Strauß zusammenstellen. Neben dem neuen großen **Hofladen**

Die Selektionszüchtung erfolgt »on farm«, also im laufenden Betrieb: Rund um das Blumenfeld finden sich Beispiele für die Forschungen des »Dottis«

(Mo.–Sa. 8–19 Uhr) gibt es eine **Käserei**, eine **Holzofenbäckerei** und ein **Hofcafé** *(Mo.–So. 9–18 Uhr)* mit Speisen und Getränken sowie einen Kinderspielplatz. Regelmäßig werden Führungen über den Hof oder zu bestimmten Themen angeboten. Auf eigene Faust kann man einem Lehrpfad folgen, anhand von Info-Tafeln wird Wissenswertes vermittelt. Auch handwerkliche Tätigkeiten wie Schnitzen oder Backen gehören zum Angebotsprogramm. Auch kann man vom Füttern über das Melken bis hin zum eigenen Käseherstellen dem Kreislauf der Natur folgen. Wildkräuterseminare oder regelmäßige Veranstaltungen für Kinder und Schauvorführungen etwa mit Ackerpferd Max runden die Veranstaltungen ab. Ein kleiner Urlaub auf einem ganz besonderen Bauernhof.

4 – Zu Gast in der »Perle der Wetterau«

Zu Gast in der »Perle der Wetterau«

Eine kompakte Führung durch die Butzbacher Altstadt

Lange von der Industrie geprägt und aufgrund einer Justizvollzugsanstalt mit dem Vermerk »Knaststadt« abgeheftet, hat Butzbach heute mehr denn je auch für Touristen etwas zu bieten. Dies merkt man deutlich, wenn man vom Bahnhof entlang der Stadtmauer und durch die Altstadt sowie das Schlossareal zur optischen Krone der Stadt gelangt: Der Marktplatz ist sicherlich der schönste im gesamten Landkreis.

Strecke: 3 Kilometer, größtenteils eben
Dauer: ca. 2 Stunden
Start: am Bahnhof, Parkplätze in großer Anzahl vorhanden

Wenn man die Butzbacher heute fragt, was für sie das einschneidendste Erlebnis der vergangenen Jahrzehnte war, so werden viele auf den Hessentag im Jahr 2007 verweisen. Nicht nur dass sich die

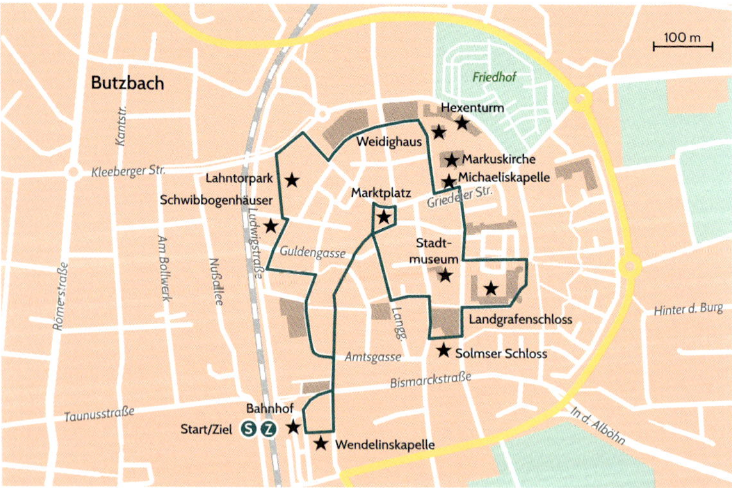

Stadt über zehn Tage hinweg im Ausnahmezustand befand und mit rund 1,1, Millionen Gästen einen damals neuen Rekord für das jährliche Großereignis in wechselnden Städten verzeichnete. Die Investitionen davor haben viele alte Probleme gelöst. Die Ideen und daraus resultierenden Veranstaltungen haben danach die im Vergleich zu den anderen beiden an der A5 und der Main-Weser-Schienentrasse gelegenen Wetterauer Städten Bad Nauheim und Friedberg etwas verschlafene Stadt mehr in den Fokus des Interesses gerückt. War Butzbach bei Bad Nauheimern und Friedbergern zuvor kaum einmal auf dem Reiseplan, locken heute Konzerte und das größte Open-Air-Kino Hessens jährlich viele Besucher an. Die steigende Attraktivität zeigt sich auch an neuen Baugebieten und steigenden Immobilienpreisen, eine Kehrseite der Medaille, die zuvor eher anderen Städten an der Perlenschnur in Richtung Frankfurt »vorbehalten« war.

Die Stadt hat eine reiche Geschichte aufzuweisen, die bis zu den Römern und weiter zurück bis in die Jungsteinzeit reicht. Doch auch in der Neuzeit machte die Stadt durch ihre liberale Gesinnung auf sich aufmerksam und trägt heute den Beinamen »Friedrich-Ludwig-Weidig-Stadt«. Dem Revolutionär an der Seite Georg Büchners werden wir im Verlauf der Tour durch die Gassen und über die Plätze Butzbachs auch noch begegnen.

Dass sich die Stadt im fortwährenden Wandel befindet, ist bereits am Startort rund um den **Bahnhof** auszumachen. Das schmuddelige Bahnhofsgebäude wurde 2018 abgerissen, was dort entstehen soll, befindet sich noch in der Diskussion. Tatsachen geschaffen wurden allerdings bereits ringsum: Eine ehemalige Farbenfabrik jenseits des Parkplatzes am Bahnhof ist inzwischen zu einem Wohnkomplex, dem **Jacobsquartier**, geworden. Hinter der Bahntrasse wurden ebenfalls alte Industriegebäude abgerissen, um Familien dort anzusiedeln.

Unser Augenmerk gilt aber zunächst dem Kirchturm, der in unmittelbarer Nähe des Bahnhofs in den Himmel ragt. Über einen kleinen Fußweg gegenüber der Schienentrasse gelangen wir auf das Areal der **Wendelinskapelle**. Hier, noch außerhalb der Fußgängerzone, befindet sich die älteste Fachwerkkapelle Hessens. Sie wur-

Die Wendelinskapelle ist die älteste Fachwerkkapelle Hessens

de auf das Jahr um 1440 datiert. Eine Urkunde aus dem Jahr 1375 behandelt allerdings schon die Trennung des Hospitals von der Butzbacher Pfarrkirche und die Erhebung der Kapelle zur Kirche mit Tauf- und Bestattungsrecht. Heute sind von dem einstigen Komplex des Hospitals mit insgesamt elf Gebäuden nur noch die Kapelle und ein nördlich anschließendes Hospitalgebäude erhalten. Dieses wird heute größtenteils für Vereinszwecke genutzt. Der Rest wurde 1832 wegen Baufälligkeit abgerissen.

Seit dem 14. Jahrhundert wurden Arme, Alte und Kranke in dem Hospital aufgenommen, daher rührt auch die Bezeichnung der Hospitalkirche. In mittelalterlicher Auffassung waren Spital und Gotteshaus eins. Betrieben wurde es von einer halbgeistlichen Bruder- beziehungsweise Schwesternschaft. Das Hospital versorgte sich zu einem Teil selbst durch zugehörige Ländereien sowie einem großen Wirtschaftshof mit eigener Bäckerei und Brauerei.

Die Fachwerk-Saalkirche wurde anstelle eines älteren Vorgängerbaus errichtet, der nach Keramikfunden auf das 13. Jahrhundert datiert wurde. Weitere Funde geben Hinweise darauf, dass hier bereits im 10. Jahrhundert ein Gebäude mit sakraler Nutzung stand. 1508 erhielt die Kirche einen Anbau im hinteren Teil. Das Schiff und der östliche Chorabschluss allerdings stammen aus der Zeit um 1440.

Die Kapelle präsentiert sich mit Chor mit 3/8-Schluss. Die Flachdecke des zweischiffigen Hauptraumes wird von einem Längsunterzug über achteckigen Holzstützen mit Gewölbearchitektur nachahmenden Diensten getragen. Die Kopfbänder und Wandständer suggerieren trotz der Flachdecke einen überwölbten Raum. Das Fachwerk der Kapelle zeigt die typische Bauweise des Mittelalters. So wurden beim Zusammenfügen der Holzgefache jeweils zwei gegengleich angeschnitten und angepasst. Dann wurden sie mit Holznägeln verbunden. In späteren Jahren wurden die Hölzer durch Anzapfung miteinander verbunden.

Durch eine Bombardierung am 9. März 1945 erlitt die Kapelle Schäden, die Wiedereinweihung nach Sanierung fand am 9. Januar 1949 statt. Im Zuge der groß angelegten Innenstadtsanierung wurde die Kapelle zwischen 1979 und 1987 erneut restauriert, die Kosten beliefen sich auf etwa 1,5 Millionen Mark. Bereits ein Jahr zuvor schlossen die Stadt und die Kirchengemeinde einen Vertrag ab, der neben ihrer Funktion als Winterkirche für die Gemeinde der Markuskirche für besondere Gottesdienste, aber auch für Veranstaltungen wie Konzerte dienen soll.

Optischer Höhepunkt im Inneren ist der **Wendelinsaltar**, der um 1520 als Flügelaltar geschaffen wurde. Darauf zu erblicken sind

Der Altar der Kapelle stammt aus dem Jahr 1520

eine Pieta sowie ein darunter gelegenes Relief, das den Tod des Heiligen Wendelins, eines schottischen Königssohns, um das Jahr 600 darstellt. Sie werden von zwei Heiligen umrahmt. Die Flügel gingen bei der Bombardierung Darmstadts verloren, dort waren sie zwecks Restaurierung im Landesarchiv untergebracht. Sie wurden allerdings in den 1970er Jahren auf Kosten des Schuhfabrikanten Jakob Karl Erwin Rumpf in München rekonstruiert.

Nun folgen wir der Weiseler Straße stadteinwärts für knapp 150 Meter in Richtung Fußgängerzone, biegen aber unmittelbar vor Beginn in die Jakob-Rumpf-Straße ab und folgen dem Rechtsknick vorbei an der **Limesgalerie**, die einst als vielversprechende Einkaufsmeile ihren Anfang genommen hatte, nun aber kaum noch Geschäfte im Inneren bringt. Ein kurzes Stück weiter durch die Straße Zur Froschau bringt uns ans obere Ende des **Roßbrunnenplatzes** (dazu später mehr) am Kino. Dort biegen wir links in die Roßbrunnenstraße ein und befinden uns nun im Kern der Altstadt mit durchgängigen Fachwerkfassaden.

Die Roßbrunnenstraße bildet mit ihren Fachwerkfassaden einen Teil der Butzbacher Altstadt

Heute lebt es sich dort sehr ruhig, doch dies war vor wenigen Jahrzehnten noch ganz anders. Denn nach dem Zweiten Weltkrieg waren bis zu 6.000 amerikanische Soldaten in der kleinen Stadt Butzbach mit gerade einmal 8.000 Einwohnern (1946) stationiert. Sie lebten zunächst in Privathäusern und in den beiden Kasernen, die Schlosskaserne befand sich in unmittelbarer Nähe zur Stadtmitte, ab 1956 in der großen Housing Area am Rande der Stadt. Tagsüber rollten Panzer durch die Stadt, abends dann vor allem die Jeeps der Militärpolizei, um Razzien vorzunehmen.

Denn zahlreiche Bars und Bordelle hatten sich auf die amerikanische Kundschaft spezialisiert, darunter auch die legendäre Delicado-Bar in der Hirschgasse. Delicado, Lido und Co. waren schnell bis nach Frankfurt hinein bekannt, die Regenbogenpresse sorgte sogar für bundesweite Aufmerksamkeit. Es gab Bereiche, in die man als junge Frau in Butzbach nicht hingegangen ist, besonders am Zahltag der amerikanischen GIs. Schlägereien, außereheliche Beziehungen zwischen Amerikanern und deutschen Frauen und Vergewaltigungen waren brisante Themen in Butzbach. Dies führte in der Region sogar zu einem geflügelten Begriff. Dort wollte man seine Ruhe behalten und sprach davon, bloß keine »Butzbacher Verhältnisse« zu bekommen.

Später veränderte sich die Beziehung zwischen den Butzbachern und den Amerikanern. Es gab mehr Tage der offenen Tür, die Soldaten waren inzwischen mit ihren Familien in der Housing Area angekommen, an deren Rand auch eine große deutsche Sozialbausiedlung entstanden war. 2002 zogen die Amerikaner schließlich aus Butzbach ab.

Doch zurück zur viel älteren Historie: Am Ende der Roßbrunnenstraße stoßen wir rechterhand auf Reste der **Stadtmauer**. Dort befand sich bis 1892 der sogenannte Euresturm oder Eulenturm. Nach der Verleihung der Stadtrechte im Jahr 1321 durch den späteren Kaiser Ludwig der Bayer an Philipp von Falkenstein begann der Bau der Befestigungsanlagen. Bis 1368 war die Stadt ringsum auf einer Länge von 1321 Metern Länge und 9,3 Meter Höhe befestigt. Drei Stadttore und mehrere Türme schützten die Bewohner, die Stadt prosperierte in den folgenden Jahrhunderten durch Handel und Gewerbe. Vor allem das Butzbacher Tuch war ein europaweit bekannter Markenartikel. An den wichtigen Verkehrswegen, die Butzbach schon seit langer Zeit passierten, entstanden Torburgen, rund um die Maueranlage befanden sich zudem Wälle und Grä-

Enger geht's nicht: die Schwibbogenhäuser an den Resten der Stadtmauer aus dem Jahr 1520

ben. Im 15. Jahrhundert folgte der Bau einer weiteren äußeren Stadtmauer, der Zwingermauer.

Eine Besonderheit stellen die erhaltenen **Schwibbogenhäuser** dar, auf die wir nun in der Mauerstraße treffen. Im 15. Jahrhundert wurde die Stadtmauer auf der inneren Seite durch bogenförmig zusammengefasste Pfeiler und einen Wehrgang verstärkt. In den Zwischenräumen entstanden 178 Schwibbogenhäuser. Diese wurden für Werkstätten, zu Abstell- und auch Wohnzwecken genutzt. Wohnraum war knapp in der prosperierenden Stadt. Nach und nach entstanden die Häuschen auf engstem Raum. In der Mauerstraße sind die letzten davon zu sehen, denn in den 1960er Jahren entschied man sich, weitere dem Verfall preisgegebene Schwibbogenhäuschen anzureißen, sie seien »aalt Gelärr«.

Doch drei sind noch übrig. Und in zweien davon erfüllte sich der seit vielen Jahren in Australien lebende ehemalige Butzbacher Heiko Opitz einen Traum. 2005 erwarb er zwei der zuletzt um 1910 bewohnten Häuschen und sanierte sie in den Folgejahren unter rein ökologischen Gesichtspunkten. Es entstand ein Doppelhaus mit 27 und 29 Quadratmetern Wohnfläche auf drei Stockwerken. Der Besitzer bezeichnete das Wohnen darin damals »wie in drei Wohnwagen übereinander«. In Zeiten von Tiny Houses dürfte dies aber als Inbegriff modernen und platzsparenden Wohnens dienen: Küche im Erdgeschoss, Schlafzimmer und Bad im Obergeschoss und im Dachgeschoss eine kleine Fernseh- oder Leseecke unter dem Bogen der Stadtmauer. Über eine Stahltreppe erreicht man sogar den Freisitz auf dem alten Wehrgang.

Viel tüfteln musste Opitz, um optimale Lösungen für den gebotenen Platz zu finden. Das Ergebnis mündete nicht nur in der Verleihung der Denkmalplakette des Wetteraukreises in Jahr 2008. Es kann heute auch jeder sehen. Denn die Familie Dier, der inzwischen das Haus in der Mauerstraße 12 gehört, vermietet das Häuschen an Gäste *(Tel. 06033-784824 oder schwib.bogen.haus@gmx.de, Besichtigungen sind nach Anmeldung bei der Architektin Sabine Schleicher möglich, Tel. 06033-895617, www.architektur-bauart.de).*

Wir kreuzen die einst so verrufene Hirschgasse und gelangen in den **Lahntorpark** *(Mo. – So. 9 – 17 Uhr).* Im Schatten der Stadtmauer befindet sich dort heute vor allem eine größere Grünfläche, die in der ansonsten dicht besiedelten Innenstadt Freiraum für Veranstaltungen vor allem für Kinder bietet. Beim Hessentag 2007 präsentierten sich hier die Vereine aus der Kernstadt und den 13 Stadtteilen. Sowohl die Sanierung der Stadtmauer als auch die weitere Aufwertung des Lahntorparks sind wesentliche Bestandteile des städtebaulichen Entwicklungskonzeptes.

Angekommen in der Wetzlarer Straße wenden wir uns nach rechts und erblicken schon einen Teil des Marktplatzes. Doch noch umrunden wir ihn weiter. Die nächste Straße nach links führt in der Krachbaumgasse weiter entlang an Stadtmauerresten und dem Parkhaus Am Marktplatz. Wir kreuzen die August-Storch-Straße/ Korngasse und erblicken linkerhand das innerstädtische Butzbacher Schulzentrum (ein weiteres befindet sich am Schrenzerhang) und gehen weiter geradeaus wieder entlang der alten Stadtmauer – wieder mit Schwibbögen, aber ohne Häuser. Wir stoßen nun auf den **Hexenturm**, einer der letzten erhaltenen Stadtmauertürme aus dem 14. Jahrhundert.

Wie der Name schon vermuten lässt, wurden in dem zunächst als Wehrturm genutzten Bauwerk später Frauen unter elenden Bedingungen eingesperrt und teilweise zu Tode gefoltert. So meist nach Unglücken. 1673 wurden die Schwestern Catherine und Margareth verdächtigt, das jüngst zurückliegende Feuer im Stadtkern gelegt zu haben. Bei einem der Verhöre soll der Teufel erschienen sein und Catherine den Hals gebrochen haben. Sie wurde geköpft, ihr Körper verbrannt. Auch ihre Schwester soll nach Folter gestanden haben, eine Hexe zu sein – ihr Todesurteil.

Ort der Grausamkeiten: der Hexenturm

2013 auf dem Kirchplatz vor dem Turm entstanden ist das Butzbacher Hexentreiben, das seitdem jährlich bis 2018 stattfand und Besucher in das Mittelalter abtauchen ließ. 2018 wurde nach sechs Auflagen eine Pause eingelegt, dann kam die Corona-Krise. Ob das Hexentreiben wieder stattfinden wird, war bei Drucklegung dieses Buches nicht bekannt. Der Hexenturm weist wie die Stadtmauer erhebliche Schäden auf, eine Sanierung ist geplant, aber auch sehr kostenaufwändig.

Von hier aus bereits gut zu erblicken ist die Fassade der **Markuskirche**, die bedeutendste Kirche der Stadt. In dem Fachwerkhaus davor wirkte Revolutionär Friedrich Ludwig Weidig als Lehrer und wohnte auch hier, zu ihm später mehr. Die Markuskirche ist als spätgotische Hallenkirche einzuordnen, Teile sind allerdings auf frühere Bauwerke zurückzuführen. So entstand die heute zu sehende Kirche im 14. und 15. Jahrhundert als Überformung einer früheren dreischiffigen Basilika. Ihren heutigen Charakter erhielt die Kirche durch einen jüngeren kapellenartigen Anbau auf der Südseite. Die Quergiebel im nördlichen Seitenschiff sind eine spätere Angleichung an die Südseite. Zwei Nebenchöre kamen ebenfalls später hinzu. Alle drei Chöre sind im Inneren zu einer Halle verbunden.

Der achteckige Westturm stammt aus dem 14. Jahrhundert. Die barocke Spitze des 47 Meter hohen Turmes stammt aus dem Jahr 1606 und ersetzte einen gotischen Turmhelm, der nach einem Sturm Beschädigungen aufwies. Darin befin-

Die Markuskirche ist die bedeutendste Kirche der Stadt

Das Rektoratshaus der früheren Lateinschule. Hier wohnte Revolutionär Friedrich Ludwig Weidig

Grabsteine verweisen auf Butzbacher Adelsgeschlechter

den sich noch Glocken aus den Jahren 1372 und 1379.

Im Inneren befinden sich noch hochwertige Zeugnisse der Stadtgeschichte. Zwei Grabsteine verweisen auf die Butzbacher Adelsgeschlechter, so auf den 1410 verstorbenen Grafen Philipp VII. von Falkenstein und auf den 1462 verstorbenen Werner von Eppstein. Bedeutender allerdings ist das Grabdenkmal von Landgraf Philipp III. von Hessen-Butzbach (1609–1643), der nicht nur für die Entwicklung der gesamten Stadt, sondern auch der Kirche von entscheidender Bedeutung war. Für sich und seine Familie ließ er zwischen 1620 und 1622 eine kunstvoll verzierte Gruft anlegen. Er, seine beiden Gemahlinnen sowie Prinz Heinrich von Hessen (er wohnte zwischen 1723 und 1741 im Butzbacher Schloss und eroberte gemeinsam mit seinem Bruder Georg 1704 Gibraltar für die Engländer) liegen hier begraben.

Weitere Grabsteine sind an den Wänden zu erkennen. Der Landgraf stiftete darüber hinaus die Orgel aus dem Jahr 1614 mit dem zweitältesten Orgelgehäuse Hessens (aber moderner Technik im Inneren) und den Altar aus dem Jahr 1617. Die Orgel wurde 1904 auf die Westempore überführt.

Aus dem romanischen Vorgängerbau erhalten geblieben ist ein Taufbecken, das etwa auf das Jahr 1200 datiert wird. Es ruht auf vier Füßen aus stilisierten Tieren, deren Ohren als Scheibenkreu-

Der romanische Taufstein aus dem Jahr 1200

ze gestaltet sind. Drei wurden anhand eines originalen Fußstücks rekonstruiert. Friese und Bänder dekorieren die Außenseiten. Die Wandung zeigt ein griechisches Kreuz, weitere Scheibenkreuze und stilisierte Blätter. Weiterhin zu finden sind ein achtseitiges gotisches Taufbecken aus dem 14. Jahrhundert mit Spitzbogenfries aus Lungstein, das wohl ursprünglich in der Wendelinskapelle stand, und ein ovaler Taufstein aus schwarzem Lahnmarmor aus dem Jahr 1620.

Exkurs: Die Markuskirche unter der Ägide der Kugelherren des Gabriel Biel

1468 wurde die Markuskirche den sogenannten Kugelherren übertragen und zur Kollegiatkirche erhoben. Der Reformtheologe und letzte große Spätscholastiker Biel wirkte zwölf Jahre lang als Bruder und Vorsteher des an der Hauptpfarrkirche gegründeten Hauses der Brüder vom Gemeinsamen Leben.

Die Kugelherren erstellten viele Werke und unterhielten eine umfassende Bibliothek. Biel war ein herausragender Theoretiker dieser Bewegung, der selbst von Martin Luther verehrt wurde. Vermutet wird, dass Biel in Butzbach neben der bereits eingerichteten Konviktschule auch eine theologische Hochschule einrichten wollte. Nach einem Streit mit der Stadt kehrte er allerdings der Stadt 1481 den Rücken und wirkte maßgeblich am Bau der Universität Tübingen mit, war schließlich deren erster Rektor. Er wirkte außerdem als Domprediger in Mainz und begründete das Kugelherren-Stift Königstein im Taunus 1446, das fast 100 Jahre lang bestehen sollte.

Der Begriff der Kugelherren leitet sich von den kapuzenförmigen Kopfbedeckungen, einer Gugel, ab. Die Kugelherren entstanden Ende des 14. Jahrhunderts in Deventer (heute Niederlande). Die Mitglieder legten keine Mönchsgelübde ab, lebten aber trotzdem in klosterähnlichen Gemeinschaften zusammen. Ihr Ziel war es, die katholische Kirche von innen heraus zu reformieren.

In direkter Nachbarschaft zur Markuskirche befindet sich die ehemalige **Michaeliskapelle**, ursprünglich ein spätgotisches Beinhaus mit darüberliegender Michael- und Katharinenkapelle, erbaut um 1433/1435. Während im gewölbten Erdgeschoss Gebeine aufbe-

Viele Nutzungen erfahren hat die frühere Michaeliskapelle

Das Landgrafenschloss in Butzbach ist heute nicht nur Sitz der Stadtverwaltung, sondern auch Schauplatz des größten Freiluftkinos in Hessen

wahrt wurden, waren im über eine Außentreppe erreichbaren Andachtsraum Gebete und Totenmessen möglich. Dort befinden sich spätgotische Wandmalereien von etwa 1475, die die Heilige Katharina und Erzengel Michael abbilden. Der Ausbau durch die Kugelherren wurde 1519 abgeschlossen. Grabsteine aus dem 15. bis 18. Jahrhundert befinden sich an der Außenwand zur Markuskirche hin.

Nach der Reformation diente das Gebäude zunächst als Spritzenhaus, später als Heumagazin und ab 1611 als Mehlwaage. Von 1907 bis 1991 befanden sich in der Kapelle das Heimat- und Trachtenmuseum sowie das Stadtarchiv.

Nachdem wir die Kapelle der Länge nach passiert haben, biegen wir rechts in die Schlossstraße ab und erreichen den nächsten Höhepunkt der Tour: das **Landgrafenschloss**. Die Anfänge reichen auf das Jahr 1390 zurück, als Graf Philipp VII. von Falkenstein auf dem Areal eine neue Burg errichten ließ, in der er bis zu seinem Tod auch lebte. In den folgenden beiden Jahrhunderten entstanden auf dem

Heute ein Park für alle Generationen ist der frühere Lustgarten des Schlosses

Gelände mit einer Größe von etwa drei Hektar etwa ein Fünftel des damaligen Stadtbezirks – drei weitere Burgsitze und weitere Gebäude für herrschaftliche Teilhaber der Stadt und das Beamtentum.

Durch das Aussterben der männlichen Linie der Falkensteiner und Erbteilungen waren bis 1741 mehrere Adelsgeschlechter Herren der Stadt, Einheitlichkeit und Selbständigkeit der Stadtverwaltung konnten allerdings gewahrt bleiben. Ein Brand 1603 vernichtete große Teile der Stadt und Teile des Schlosses. Doch schon im Jahr 1604 richteten die Landgrafen von Hessen-Darmstadt hier eine neue Residenz für den nachgeborenen Sohn Philipp III. ein. Er baute das Schloss aus und zeigte sich fortan auch als wichtiger Förderer der Stadt.

So entstand ein strahlendes zweiflügeliges Schloss mit Kabinetten, einem **Lustgarten** mit Figuren, Laubengängen, Brunnen und Wasserspielen sowie seltenen Bäumen. Diese Kunde stärkte nicht nur das Ansehen des Landgrafen, sondern auch der Stadt in weiten Teilen des Reiches. Dies zog Wissenschaftler, Künstler und Musiker an das »Butzbacher Versailles«. Der hochintelligente Landgraf unterhielt persönliche und briefliche Kontakte zu Galileo Galilei, der kaiserliche Astronom Johannes Kepler verweilte mehrfach als Gast und

Freund des Landgrafen in Butzbach und nutzte dort auch eine eigens geschaffene Sternwarte.

Phillipp konnte durch strikte Neutralität 25 Jahre lang die Schrecken des Dreißigjährigen Krieges von der Stadt fernhalten. Doch im Jahr 1643 starb Philipp an den Folgen einer medizinisch verordneten Bade- und Schwitzkur an schweren Brandverletzungen. Butzbach fiel an einen Neffen Philipps, der sich wenig für die Stadt interessierte. Und so zogen Heerscharen über die bisher verschonte Stadt her, die in den letzten Jahren des Krieges mehrfach erobert, bombardiert, zerschossen und geplündert wurde.

Justitia (Gerechtigkeit) prangt über dem Portal zum Landgrafenschloss. Auch Fortitudo (Stärke) und Spes (Hoffnung) sind als Figuren zu finden

1741 wurde ganz Butzbach hessisch. Das Schloss wurde ab 1817 zu einer Kavallerie-Kaserne, umgebaut, der Glanz vergangener Zeiten schwand. 1898 wurde es erneut umgewandelt, diesmal für die Infanterie und erhielt den Namen Schloss-Kaserne. In den Jahren 1935 und 1936 erfolgte der Anbau des Westflügels im Zuge einer Kasernenerweiterung. Von 1951 bis 1992 wurde es schließlich von der US Army genutzt. Heute befinden sich neben der Stadtverwaltung verschiedene Unternehmen und Ärzte im Haupt- und den Nebengebäuden wie Remise und Ballhaus.

Das barocke Portal mit Doppelsäulen und Figuren weist auf die einst prachtvolle Vergangenheit hin. Der Schlosshof wird zudem seit 1999 jedes Jahr als Ort des größten Open-Air-Kinos in Hessen ge-

Den Hessischen Denkmalschutzpreis 2017 gab es für die Sanierung des Solmser Schlosses

Das Renaissance-Treppenhaus im Solmser Schloss

nutzt (www.openairkino.info), oft auch mit Regisseuren oder Hauptdarstellern vor Ort. Gut 2.600 Stühle finden hier für 16 Tage Platz im historischen Ambiente, bis der Ausklang traditionell mit der »Rocky Horror Picture Show« erfolgt. Auch Konzerte bekannter Stars finden als Nachklang des Hessentags 2007 hier ihren Raum.

Nach einem kurzen Streifzug durch den Park samt Umrundung des Schlosses im Uhrzeigersinn gelangen wir zu einem zweiten Schloss: dem **Solmser Schloss**. Um 1479 entstand hier ein Fruchtspeicher, den ließen die Grafen von Solms-Lich ab 1588 zu einem repräsentativen Schloss direkt an der Stadtmauer ausbauen. Im Kern handelt es sich um einen spätgotischen zweigeschossigen Rechteckbau mit rundem Treppenturm, dem früheren Weiseler Tor, und einem Renaissance-Treppenhaus. 1629 fiel es an die Landgrafen von Hessen-Butzbach und diente zunächst als Amtshaus und später als Witwensitz.

Nach einer umfangreichen Renovierung diente es von 1879 bis 2004 als Amtsgericht von Butzbach, danach stand es einige Jahre leer. Bereits während der Zeit als Gerichtssitz wurden Reparaturen nur in Teilen des Gebäudes ausgeführt, in den Zeiten des Leerstands nahm es weiteren Schaden, auch durch mehrere Wasserrohrbrüche. 2011 übernahm die Entwicklungsgesellschaft Solmser Hof das Gebäude und sanierte bis 2014. Frühere Um- und Einbauten aus Zeiten des Amtsgerichts wurden zurückgenommen. Beeindruckend ist auch der gotische Dachstuhl, der sich über drei Ebenen erstreckt. Die Sanierung wurde 2017 mit dem Hessischen Denkmalschutzpreis und zahlreichen weiteren Auszeichnungen gewürdigt. Heute wird das Gebäude größtenteils als medizinisches Fortbildungszentrum und durch eine Arztpraxis genutzt.

Wir wenden uns nun auf der Färbgasse vor dem Schloss nach rechts und erreichen nach wenigen Metern den **Solms-Braunfelser Hof**, in dem heute das **Stadtmuseum** und das **Stadtarchiv** untergebracht sind *(Museum: Di.–Fr., So. 10–12 und 14–17 Uhr, Sa. 14–17 Uhr, Eintritt regulär 3 Euro, ermäßigt 2 Euro, Kinder und Jugendliche 1 Euro, Führungen auf Anfrage, Stadtarchiv: Di.–Do. 8.30–12, 14–6 Uhr, www.stadt-butzbach.de).*

Besucher erhalten dort in zahlreichen Dauer- und Sonderausstellungen einen umfassenden Überblick über die Geschichte der Stadt. Nach Eröffnung des ersten städtischen Museums im Jahr 1898 in der benachbarten Langgasse und einer ebenfalls recht bescheidenen Präsentation in der früheren Michaeliskirche hat das Museum im Jahr 1994 einen gebührenden Platz im 1475/1480 erbauten Solms-Braunfelser Hof sowie im daran anschließenden Neubau erhalten. Ausschlaggebend für die Errichtung eines städtischen Museums war die Erkenntnis des späten 19. Jahrhunderts, dass die fortschreiten-

Das Stadtmuseum im Solms-Braunfelser Hof zählt zu den wichtigsten Museen des Wetteraukreises

de Industrialisierung traditionelles Handwerk und Brauchtum verdrängen würde. Im Jahr 1900 gründete sich der Geschichtsverein, seit 1903 beteiligte sich die Stadt am Museum, 1950 ging die Trägerschaft komplett an die Stadt über. Der Gebäudekomplex ist aufgrund seiner Verbindung von Geschichte und Moderne preisgekrönt.

Bedeutende Funde bei Notausgrabungen im Zuge der Errichtung der US-Wohnsiedlung im Degerfeld steigerten den Stellenwert des Museums erheblich. Leider sind nicht mehr alle Exponate zu sehen, denn bereits 1963 wurde ein Teil der umfangreichen Münzsammlung gestohlen. 1975 erfolgte mit einem weiteren Einbruch ein neuerlicher Tiefschlag: Dabei verschwanden die umfangreiche Waffensammlung, Orden, Zinnvasen und -krüge, eine barocke Prangermaske sowie Rüstungsteile. Trotzdem gehört das Museum für geschichtsinteressierte Besucher auch heute noch zum Pflichtprogramm.

Denn man stößt hier auch auf eine historische Persönlichkeit, dem die Stadt heute ihren Beinamen verdankt: Friedrich-Ludwig-Weidig-Stadt. Der Schulmann, Theologe, Politiker und (damals durchaus politisch zu verstehen) Turner sowie Kampfesbruder des Revolutionärs Georg Büchner (»Friede den Hütten! Krieg den Palästen!«) wirkte in Butzbach. Museumsbesucher stoßen hier auf den berühmten »Butzbacher Dachbodenfund« aus dem Jahr 1993: einen eigenhändig geschriebenen Brief Büchners an seinen Freund und Schüler Weidigs, Wilhelm Braubach.

Doch von Anfang an: Im Gewölbekeller des Altbaus befindet sich eine Ausstellung zur Römerzeit. Der Nachbau des Kastells Hunneburg, das in seinen Dimensionen die im Taunus rekonstruierte Saalburg übertraf, sowie die Nachbildung eines römischen Soldaten dürften Kinder und Erwachsene gleichermaßen begeistern. Hinzu kommen Zeichnungen und Gegenstände, die Hinweise auf das militärische und zivile Leben vor annähernd 2.000 Jahren geben.

14 Jahrhunderte Butzbacher Stadtgeschichte sind in verschiedenen Räumen im ersten Obergeschoss des Altbaus zu erleben. Modelle historischer Gebäude, darunter auch der gesamten Altstadt, sowie archäologische Funde legen stumme Zeugnisse längst vergangener Epochen und bewegter Zeiten ab. Hier stößt man auf weitere Ausstellungsstücke, die an Weidig erinnern, aber auch Werkzeuge der berühmten Butzbacher Orgelbau-Familie Scherer.

Einen Einblick in typische Butzbacher Berufe vergangener Zeiten erhält man im Erdgeschoss des Neubaus. Werkstätten, Arbeitsräume und Messestände demonstrieren die damals typische Arbeitswelt. Auch die Zunft- und Innungsgeschichte hat hier ihren Platz.

Die Industrialisierung veränderte Butzbach radikal, metallverarbeitende Industrie ist noch heute am Stadtrand zu finden. Kein Wunder, dass das Museum dieser Ära einen gebührenden Platz einräumt. Neben der Elektrifizierung und einem Einblick in das Leben der Arbeiterschaft geht es hier um große Unternehmen, die meist aus einfachen Handwerksbetrieben entstanden sind. Landmaschinen, Farben, Nudeln und Konserven, Lokomotiven und Schu-

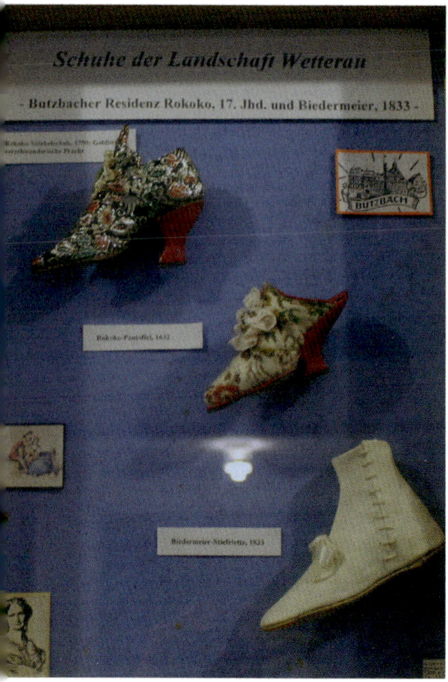

Schuhe im Miniaturformat stellte Richard Fenchel her, ein Lebenswerk

Trachten aus dem Hüttenberger Land und aus der Wetterau sind im Museum zu sehen

he wurden einst in Butzbach hergestellt. Apropos Schuhe: Schusters Rappen im Maßstab 1:3 gehören zu den Kuriositäten des Museums. Gefertigt hat sie einst der Industrie-Schuhmachermeister Richard Fenchel. Zu verstehen ist die Sammlung als kleine Kulturgeschichte des europäischen Schuhs. Fenchel erhielt für sein Werk, an dem er über 50 Jahre in seiner Freizeit arbeitete, einen Eintrag ins Guinness-Buch der Rekorde.

Die jüngste Dauerausstellung wurde zum Hessentag 2007 eingeweiht. Sie zeigt volkskundliche Trachten, die das bäuerliche und handwerkliche Leben in vorindustrieller Zeit prägten und bis ins 20. Jahrhundert hinein getragen wurden. Ausgestellt sind Trachten aus der Wetterau und der Butzbacher Nachbarregion Hüttenberg.

Ebenfalls im Neubau untergebracht ist das Stadtarchiv mit Urkunden, die bis ins Jahr 1344 zurückreichen. Auch eine Sammlung zur Geschichte der Juden in der nördlichen Wetterau ist hier zu finden. Ein Prunkstück ist sicherlich das 1986 eingerichtete Forschungsarchiv zu Leben und Umfeld des Revolutionärs Weidig. Im Mittelpunkt steht die Sammlung von A.W. Heil mit 2.500 Bibliothekarien und über 1.000 Grafiken, eine der umfangreichsten Sammlungen zum Vormärz und der Revolution von 1848/1849. Zum Weidig-Paket gehört auch das Familien- und Firmenarchiv Braubach mit seltenen Zeitungsausschnitten und Originalbriefen aus der Zeit des Vormärz.

Das Museum bietet zudem Räume für Sonderausstellungen. Kulturelle Ereignisse finden ebenfalls in loser Folge im Museumskomplex statt.

Wenn wir das Museum wieder verlassen, folgen wir geradeaus der Wilhelm-Braubach-Straße – der Name des Mit-Revolutionärs Büchners ist uns schon im Museum begegnet – und biegen dann

Keimzelle der Revolution: Im rechten Gebäude redigierte Friedrich Ludwig Weidig den Hessischen Landboten. Seit 1848 ist es das Stammhaus der Butzbacher Zeitung und ihrer Vorgänger

nach rechts in die **Langgasse** ab. Nun befinden wir uns vor der Keimzelle des Butzbacher Beitrags zur Revolution von 1848/1849. Rechts vom Parkdeck sehen wir ein um 1860 errichtetes Fachwerkhaus, das ab 13. Februar 1898 das erste Museum der Stadt, damals als Altertümer- und Trachtenmuseum, beherbergte. Auch das benachbarte Fachwerkhaus aus dem 18. Jahrhundert ist ein gelungenes Beispiel für eine denkmalgerechte Sanierung.

Doch größeres Interesse sollten wir dem Haus gegenüber zuwenden. Heute befindet sich dort die Butzbacher Zeitung, ihre Vorgängerinnen wurde bereits 1848 hier gedruckt. Zwischen 1827 und seiner Strafversetzung als Pfarrer nach Ober-Gleen (bei Kirtorf im Vogelsberg) im Jahre 1834 hat Friedrich Ludwig Weidig hier gewohnt. Hier traf er sich mit Revolutionären des Vormärz, hier soll er den »Hessischen Landboten« von Georg Büchner redigiert haben.

Exkurs: Der Revolutionär Weidig

Friedrich Ludwig Weidig wurde 1791 in Oberkleen (heute zu Lang-Göns im Norden von Butzbach) als Sohn eines Oberförsters in landgräflichen Diensten geboren. Zunächst zog die Familie nach Cleeberg (heute ebenfalls zu Lang-Göns), 1803 schließlich nach Butzbach. Nach seinem Theologiestudium in Gießen wurde Weidig 1812 Konrektor und später Rektor an der Butzbacher Knabenschule. Schon zu diesen Zeiten orientierte er sich an Friedrich Ludwig Jahn und führte Turn- und Exerzierübungen in der Schule ein, gründete auch einen öffentlichen Turnplatz am Butzbacher Schrenzerhang, den ersten in Hessen. Damit fiel er der Obrigkeit der französischen Besatzung auf, denn Turnen gehörte zum politischen Programm deutscher Patrioten, die nach den Napoleonischen Kriegen ein Wiedererstarken des deutschen Volkes durch eine wehrhafte Jugend erreichen wollten. Zeitweise wurde Turnen deswegen auch verboten.

Der Liberaldemokrat, dessen Schulwesen sogar international Beachtung fand, forderte ab 1815 eine Verfassung für das Großherzogtum Hessen, die dieses auch 1820 erhielt. Doch bereits seit 1818 wurde Weidig wegen politischer Betätigung im Schulunterricht, bei

Friedrich Ludwig Weidig (links) mit Georg Büchner

Predigten und privat überwacht. Weidig kämpfte für ein vereinigtes Deutschland in Form eines demokratischen Nationalstaates und half deswegen auch im Jahre 1832 in der Pfalz bei den Vorbereitungen für das Hambacher Fest und versuchte dabei, oppositionelle Kräfte enger zu verzahnen. Teilnehmen konnte er allerdings nicht, sein Schüler und Mitarbeiter Karl Zeuner allerdings schon.

Als das Hambacher Fest gescheitert war und Zensur und Repressalien noch stärker gegen freiheitliche Gedanken zunahmen, gehörte Weidig zu den Vorbereitern einer geplanten Revolution in Frankfurt, dem sogenannten »Wachensturm« vom 3. April 1833. Weidig wurde daraufhin zum ersten Mal inhaftiert. Mit einem Kreis ehemaliger Schüler druckte er danach trotzdem Zeitschriften und Flugblätter, mindestens fünf Ausgaben von »Leuchter und Beleuchter von Hessen oder der Hessen Nothwehr« für die Einhaltung der Verfassungsrechte und gegen Beamtenwillkür sind erschienen. 1834 traf er das erste Mal mit Georg Büchner zusammen und redigierte daraufhin dessen hochexplosiven Text des »Hessischen Landboten«, gab ihm sogar den Titel und druckte zwei Auflagen davon. Diese verteilte er gemeinsam mit seinem Kreis ehemaliger Schüler.

Der im gleichen Jahr strafversetzte Pfarrer weigerte sich, es Büchner gleichzutun und zu flüchten. Im Gegenteil fiel er weiter durch Predigten in seiner neuen Gemeinde auf. Er wurde im April 1835 nach Verrat erneut inhaftiert, soll dabei gequält und körperlich misshandelt worden sein. Am 23. September 1837 nahm er sich in seinem Darmstädter Kerker das Leben. Der Selbstmord schlug Wellen, die über die Landesgrenzen hinausgingen, die Opposition hatte nun einen Märtyrer. Viele Weidigschüler spielten in der Revolution von 1848/1849 eine Rolle in der Wetterau. Im Zuge der Revolution wurde Butzbach zu einem Leuchtturm, besonders die starke Turnergemeinde und die Bürgerwehr rüsteten auf.

Weidigs Grabstein ist auf dem Alten Friedhof in Darmstadt zu finden. In Butzbach erinnert ein Denkmal auf dem Schrenzerhang an ihn. Außerdem ist Weidig Namenspate des Butzbacher Gymnasiums. 1946 wurde in Butzbach der Hessische Turnverband gegründet, der die Friedrich-Ludwig-Weidig-Plakette an verdiente Mitglieder verleiht.

Wir folgen der Langgasse und kommen nun zur optischen Krone und Höhepunkt des Rundgangs. Mit nahezu geschlossenem Fachwerkensemble begrüßt der weitläufige und autofreie **Marktplatz** seine Besucher. Er ist der Treffpunkt für Butzbacher, ob in der Mittagspause, auf dem Wochenmarkt oder den städtischen Festen wie dem Fasel- und dem Katharinenmarkt. Wer auf einer der Bänke am zentralen Marktbrunnen Platz nimmt, kann die Atmosphäre dieses Glanzstücks und die Geschichte des Platzes und seiner angrenzenden engen Gassen in sich aufsaugen.

Der **Marktbrunnen** selbst gilt als eines der Wahrzeichen der Stadt. Als hölzerner Brunnen findet er bereits 1395 Erwähnung, vermutlich ist er aber älteren Datums. Nach einem starken Frost war der Holz-Brunnen nicht mehr zu retten und wurde in den Jahren 1573 bis 1575 durch den Steinmetz Bastian Fritsch und Bildhauer Christoffel Altgrav durch Sandstein ersetzt.

Fast immer gut besucht so wie hier beim Wochenmarkt ist der Butzbacher Marktplatz

In der Mitte des Beckens steht die achteckige Brunnensäule, die von mit Perlenschnüren umrandeten Feldern und einem Maskenfries, Früchten und Bandwerk in Reliefdarstellung sowie einem korinthischen Kapitell geschmückt wird. Obendrauf thront ein vielleicht im Maßstab etwas zu klein geratener Ritter in Rüstung mit Schild und Fahne. Der »Roland« soll stellvertretend für den König den Marktfrieden garantieren. Von der Kleidung her erinnert der Ritter an einen Höfling des 16. Jahrhunderts in Spanien. Auf seinem Schild, das an seinem rech-

Butzbacher Wahrzeichen: der Marktbrunnen

1559/60 erbaut: das Alte Rathaus auf dem Marktplatz

ten Bein lehnt, sind vier Löwen zu sehen, die wohl den Herren von Hessen und Solms zuzuordnen sind. Die Wetterfahne zeigt einen Mann mit Schlangenleib und großem Hut, der einen Bogen gespannt hat.

Stolz sind die Butzbacher auch auf das **Alte Rathaus** mit der Hausnummer 1 mit der markanten Inschrift »Ich steh nicht nur der Stadt zur Zier, der Bürger Wohl ist höchstes mir.« Weitere Verzierungen befinden sich auf den Außenbalken und im Inneren.

Seit seinem Bau 1559/1560 bis 2002 diente der Fachwerkbau mit steinernem Erdgeschoss mit Bauelementen der Spätgotik und der Renaissance sowie ursprünglich zwei gotischen Portalen als Sitz der örtlichen Verwaltung. Es ersetzte das »Spilhuse«, das erstmals 1371 erwähnt wird und als Rat- und Gerichtshaus, Markthalle und Hochzeitshaus diente. Die 1370 gegossene Glocke dieses Hauses ist auch im Dachreiter des Nachfolgerbaus zu finden.

Auch im »neuen« Rathaus befand sich eine Markthalle, Gerichte tagten ebenfalls an diesem Ort. Im »Hexenkämmerchen« fanden Verhöre und Folter statt, während im Ratssaal im Obergeschoss die hohen Herren tagten. Die städtische Waage und Werkzeuge der Feuerwehr waren ebenfalls dort untergebracht.

Die Ursprünglichkeit des Baus von Meister Johann Nebel aus Biedenkopf ist in den drei oberen Geschossen mit der markanten

Giebelform erhalten geblieben, der Rest der Frontfassade wurde bei einem Umbau zwischen 1830 und 1840 verändert. Diesem Umbau fiel auch ein reich verzierter mittlerer Erker zum Opfer, über dem einst eine Sonnenuhr prangte und nach Sanierung dort wieder zu sehen ist. Heute befinden sich dort auch die Stadtuhr und ein Glockenspiel, das 1999 von den Altstadtfreunden gestiftet wurde.

Auch die jüdische Gemeinde hatte in dem Haus eine Heimat gefunden. Zwischen 1848 und 1926 hatte sie hier ihre Synagoge eingerichtet.

Zwischen 2008 und 2014 wurde das Gebäude aufwändig saniert. Die Kosten schossen dabei vor allem durch Bausünden längst vergangener Tage in die Höhe. Doch das Ergebnis kann sich sehen lassen: Mit viel Liebe zum Detail restaurierte Holzschnitzereien, historisch hergerichtete Steinwände und Eichenböden stehen in Symbiose mit einer modernen Innenarchitektur und einem gläsernen Aufzug.

Auch der alte Ratsherrensaal wurde so originalgetreu wie möglich wieder hergerichtet. Dabei wurden unter anderem 35 alte Farbschichten abgetragen. Heute finden dort Vorträge und andere Veranstaltungen statt. Im sanierten Gebäude finden sich heute auch unter anderem die **Tourist-Information** und das Bürger-Service-Zentrum.

Das frühere Gasthaus Zum Löwen mit seinen vielen geschnitzten Motiven

Markant ist auch das **Doppelgebäude** mit der Hausnummer 3. Die ursprünglich getrennten Häuser entstanden zwischen 1709 und 1710. Auf den drei Geschossen befinden

Blick über den Marktplatz zum früheren Goldenen Ritter

sich Zwerchhäuser, außerdem zu sehen sind zahlreiche Brüstungstafeln mit geschnitzten Motiven, die einen detaillierten Blick wert sind. Später befand sich in beiden Häusern das weithin bekannte »Gasthaus Zum Löwen«.

Auch am **Markt 7** sind zwei früher getrennte Häuser vereint worden. Äußerst kunstvoll geschnitzt sind die Zierformen des Fachwerks an dem fünfgeschossigen Bau. Das rechte Gebäude datiert aus dem Jahr 1636, der schlimmsten Phase des Dreißigjährigen Krieges mit Pest und Teuerungswelle. So waren die Verzierungen als Glück- und Schutzbringer zu verstehen. Später befand sich hier das Gasthaus »Zum Goldenen Ritter«. Im linken Haus zog eine Poststation ein, die bis 1866 Bestand hatte. Die Gaststätte »Zum Goldenen Hirsch« fand hier eine Heimat. Das linke Gebäude datiert in Teilen vor 1600. 1742 wurde es aufgestockt und mit dem Nachbarbau vereinigt.

Folgt man dem Ensemble reihum, entdeckt man eine Vielzahl weiterer Fachwerkbauten mit imposanten Querbauten. Sie alle haben ihre eigene eindrucksvolle Geschichte und waren meist als Gasthäuser genutzt, was auf die Bedeutung des Ortes als Handelsstadt hinweist.

Nehmen Sie sich Zeit! Genießen Sie die Atmosphäre und kehren Sie in eines der heutigen Gasthäuser ein, die rund um den Marktplatz gruppiert sind. Regionale Köstlichkeiten gibt es etwa in der **Marktwirtschaft**, moderne Küche mit Steaks und Burgern im **Blauen**

Haus mitten auf dem Marktplatz. Auch das italienische Restaurant **Piazza** und der benachbarte Feinkostladen sind einen Besuch wert. Weitere Restaurants und Cafés schließen sich in den vom Marktplatz abgehenden Straßen an, vor allem in der Wetzlarer Straße und der Weiseler Straße mit dem anhängenden Roßbrunnenplatz. Durch die Fußgängerzone der Weiseler Straße mit ihren zahlreichen Geschäften geht es am **Joutz'schen Barockhaus**, erbaut 1741 als Landgräflich-Hessen-Darmstädtische Rechnei, zurück zum Ausgangspunkt.

Veranstaltungen:

Katharinenmarkt: Traditionell Ende Oktober steht das älteste Marktereignis an. Der Katharinenmarkt wird inzwischen seit über 700 Jahren begangen. Auf drei Plätzen sowie in den Straßen der Altstadt läuft der Markt über vier Tage

Faselmarkt: Eigentlich ein Züchtermarkt, das Wort »Fasel« geht auf den preisgekrönten Bullen zurück, der nach dem Markt von Hof zu Hof gebracht wurde, um für einen leistungsstarken Nachwuchs zu sorgen. Heute ähnelt der Jahrmarkt dem Katharinenmarkt, hat aber eine etwas größere Ausprägung bei kulturellen Veranstaltungen. Alljährlich im März für vier Tage

Altstadtfest: Ursprünglich ein Töpfermarkt, stehen auch noch heute kunsthandwerkliche Erzeugnisse und alte handwerkliche Fertigkeiten im Mittelpunkt. Sie stehen allerdings in Konkurrenz zu vielen musikalischen Darbietungen auf mehreren Bühnen. Anfang September

Weihnachtsmarkt: Zu Beginn der Adventszeit verwandelt sich der Marktplatz in ein Lichtermeer mit vielen Buden und zweitägigem Rahmenprogramm

Weinfest: Im Nachklang zum Hessentag 2007 entstand das Weinfest, das am dritten Juni-Wochenende auf dem Marktplatz stattfindet. Mit viel Musik wird das Wochenende durchgefeiert

Seitensprung – Münzenberg

Das Wetterauer Tintenfass: Burg Münzenberg

Es ist das Wahrzeichen der nördlichen Wetterau: die Burgruine der Stauferburg Münzenberg *(März, Di.–So. 10–16 Uhr, April + Oktober Di.–Sa. 10–16 Uhr, So. 10–17 Uhr, Mai–September, Di.–So. 10–18 Uhr, November, Sa. + So. 11–16 Uhr, Eintritt regulär 3,50 Euro, ermäßigt 2 Euro, öffentliche Führungen So. 12–13 und 15–16 Uhr, weitere Führungen auf Anfrage, www.muenzenberg.de, www.freundeskreis-muenzenberg.de)*. Die Burg thront über der gleichnamigen Stadt, etwa zehn Kilometer westlich von Butzbach gelegen.

Strecke: ca. 1,5 Kilometer, stellenweise Anstieg
Dauer: etwa 1,5 Stunden
ÖPNV/Auto: vom Butzbacher Bahnhof zur Haltestelle Münzenberg-Falkensteiner Straße oder Münzenberg-Steinbergstraße mit den Linien FB-52 und FB-57 (hier befindet sich auch ein Parkplatz

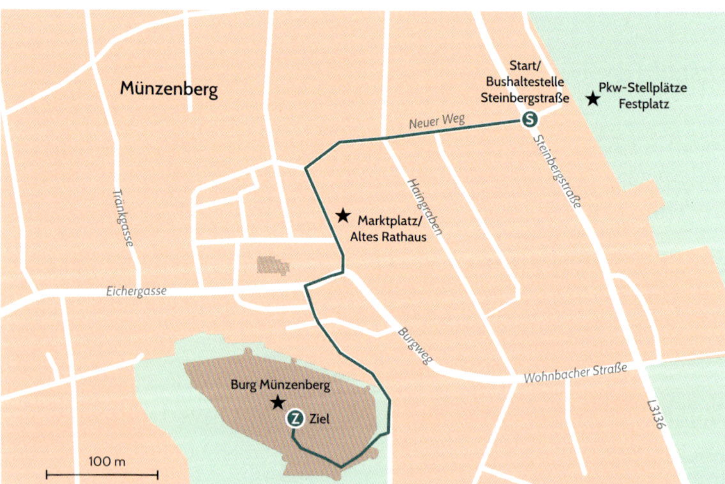

für die Anreise per Pkw). Von dort zu Fuß durch Neuer Weg, Marktplatz, Eichergasse, Unter der Burg zum Eingang der Burg. Tipp: Mit den Eisenbahnfreunden Wetterau im historischen Zug von Bad Nauheim aus anreisen (Termine und Preise: www.ef-wetterau.de).

Um das Jahr 1160 gab Kaiser Friedrich I. Barbarossa seinem Reichsministerialen Kuno I. von Hagen-Arnsburg den Auftrag, eine neue Burg zu errichten. Kuno, der sich nach dem Bau Kuno von Münzenberg nannte, spielte im Reich eine wichtige Rolle und untermauerte dies durch eine Burg, die noch heute zu den bedeutendsten romanischen Burganlagen Deutschlands gehört. Doch ganz konnte er seine hohen Ansprüche nicht erfüllen. Denn Palas, Ringmauer und der zweite Bergfried blieben unvollendet.

Hoch über den Dächern der Stadt thront die Burg Münzenberg

Wie wehrhaft die Burg einst war, ist bereits an der inneren Pforte zu erkennen

Trotzdem kann sich der Geschichtsfreund an reichem Schmuck erfreuen, der sich unter anderem an den Säulchen und Kapitellen der Palas-Fenster zeigt. Zum Teil sind sie durch originalgetreue Kopien ersetzt, um die romanischen Bauteile vor der Witterung zu schützen.

Der Palas beeindruckt allein durch seine Größe. Über mehrere offene Kamine wurden die Wohngemächer beheizt, im zweiten Stock des östlichen Gebäudes befand sich der Sommersaal, der durch seine breite Fensterarkade einen guten Ausblick auf die nördliche Wetterau gewährte.

In historischen Maßstäben lange überdauerte die Burg allerdings nicht: Mit dem Tod von Friedrich II. im Jahr 1250 verlor das Staufergeschlecht an Bedeutung, nur fünf Jahre später erlosch auch das Geschlecht der Herren von Münzenberg. Bei den folgenden Krie-

Ein wundervoller Blick über die nördliche Wetterau bietet sich vom Bergfried

gen um die Macht im Reich wurde die Burg vermutlich belagert und teilweise zerstört.

Als die Reichsministerialen von Falkenstein die Burg übernahmen, entstand um 1260 ein weiterer Palas, ebenfalls mit großem Saal und Ausblick nun nach Norden, aber in gotischer und deutlich schmuckloserer Bauform. Philipp von Falkenstein vollendete die noch offenen Baustellen, die Kuno von Münzenberg hinterlassen hatte.

Die Burg wurde in den folgenden Jahrhunderten sukzessive unter anderem durch einen Zwinger verstärkt, doch bereits im späten 16. Jahrhundert begann der Verfall der Burg. Im Dreißigjährigen Krieg wurde die Anlage endgültig zur Ruine. Mitte des 19. Jahrhunderts begannen erste Erhaltungsarbeiten, die bis heute andauern.

Burg Münzenberg ist heute ein beliebtes Ausflugsziel, um in längst vergangene Zeiten abzutauchen.

JEANS-SALOON

5 – Von Raubrittern und Pfusch am Kirchenbau

Von Raubrittern und Pfusch am Kirchenbau

Nidda und Bad Salzhausen bieten größtmögliche Kontraste

Nidda ist selbst für so manchen Wetterauer eher eine Unbekannte. Entlang des Verkehrsstranges zwischen Frankfurt und Gießen mit den Städten Bad Vilbel, Karben, Friedberg, Bad Nauheim und Butzbach bekommt man nicht viele Schlagzeilen aus der Stadt am Rande des Vogelsberges mit. Der Bau eines modernen Kinos in Eigeninitiative drei junger Männer sorgte im Jahr 2015 für überregionale Schlagzeilen. Ansonsten dringt wenig über das Einzugsgebiet Niddas hinaus. Die Stadt hat rund 17.000 Einwohner, die sich auf insgesamt 18 Stadtteile verteilen. Heute bildet Nidda neben Büdingen den zweiten wichtigen Anlaufpunkt für die Bewohner der östlichen Wetterau. Doch hat Nidda eine durchaus bedeutungsvolle Geschichte aufzuweisen, war Kreisstadt und sogar Sitz des Regierungsbezirkes. Und die Niddaer sind gerne in ihrer Stadt zu Hause.

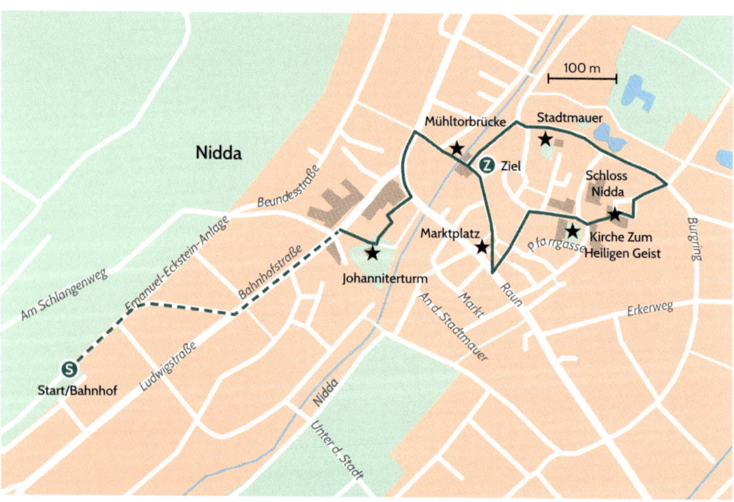

Unser Spaziergang teilt sich in zwei Halbetappen auf. Und das hat seinen guten Grund. Denn nachdem wir der überaus wechselvollen Geschichte der Stadt selbst nachgegangen sind, wird es Zeit für einen Tapetenwechsel. Nur etwa einen Kilometer Luftlinie vom Hauptort entfernt, eröffnet sich dem Besucher der Stadt nämlich eine ganz andere Welt. Denn der Stadtteil Bad Salzhausen ist nicht nur eines der ältesten, sondern auch eines der kleinsten Kurbäder überhaupt. Und ganz anders als in anderen Kurstädten ist der Kurpark nicht zentraler Teil des Ortes, sondern der Ort ist zentraler Teil des Kurparks.

Dauer: 2 Stunden
Strecke: 1,5 Kilometer (Nidda)
Start: Johanniterturm im Steinweg, vom Bahnhof 550 Meter Fußstrecke entlang der Bahnhofstraße, Parkplätze für Anreisende per Auto sind in der direkten Umgebung vorhanden

Wir beginnen unseren Rundgang an der »Keimzelle« der heutigen Stadt Nidda, dem **Johanniterturm**. Von der ihn einst umgebenden Kirche, einer romanischen Pfeilerbasilika, ist nichts mehr übrig. Der Turm entstand zwar erst im Jahre 1491, während die Stadt selbst im Jahre 2017 auf 1.200 Jahre seit ihrer ersten urkundlichen Erwähnung zurückblickte. Dennoch ist er heute wegen seiner geschichtlichen und städtebaulichen Bedeutung ein Kulturdenkmal der Stadt.

Turm ohne Kirche: Der Johanniterturm gilt als die Keimzelle des heutigen Nidda

Die Gegend um die heutige Stadt war bereits früh besiedelt. Diverse Funde datieren auf den

Zeitraum zwischen 5000 und 800 vor Christus. So wurde im Stadtteil Unter-Widdersheim mit dem sogenannten Kindstein ein Menhir gefunden. Auch die Kelten siedelten hier, wie der Fund des Borsdorfer Henkels, zugehörig zu einem Bronzegefäß, zeigt. Der 1855 zwischen Nidda und Borsdorf gemachte Fund befindet sich heute im Hessischen Landesmuseum Darmstadt. Die Römer ließen das heutige Nidda außerhalb ihres Limes, den heutigen Stadtteil Unter-Widdersheim aber sicherten sie durch ein Kleinkastell.

Zwischen 802 und 817 ist die Amtszeit des Abtes Ratgar zu Fulda über die Region datiert. Damals gab es schon eine Siedlung, die aber weiter den Berg hinauf lag, wie Martin Röhling vom Heimatverein beim Rundgang durch die Stadt erläutert. Größere Bedeutung erlangte die Stadt während der Regentschaft der Grafen Berthold I. und II. von Nidda im 11. und 12. Jahrhundert.

Auf dieser Zeit basiert auch die Gründungslegende des heutigen Nidda. Der Raubritter Graf Berthold sollte sich vor Kaiser Friedrich I. Barbarossa in Gelnhausen verantworten. Doch der Graf gehorchte nicht. Der Kaiser ließ die Burg Bertholds belagern. Doch die Eingekesselten schienen keine Not zu leiden. Bis die Armee des Kaisers den Eingang zu einem unterirdischen Versorgungsgang entdeckte. Nach Sperrung des Ganges musste die Burgbesatzung aufgeben. Die Gräfin erbat sich freien Abzug, sie wolle nur ihr »Liebstes und Teuerstes« mitnehmen. Ihr wurde gestattet, dass sie alles, was ein Esel auf dem Rücken tragen könne, mitnehmen dürfe, ihren Mann aber nicht auf dem Esel platzieren dürfe. Kurzerhand nahm die Gräfin ihren Mann auf den eigenen Rücken und zog von dannen. Sie gelobte, dort, wo der Esel stehen bleibe, eine Burg zu bauen. Als sie in das sumpfige Tal der Nidda kamen, blieb der Esel dort nicht nur stehen, sondern auch stecken. Verzweifelt rief sie: »Nit da, nit da!«. Aber der Esel rührte sich nicht von der Stelle. So ließ sie dort eine Burg bauen und nannte sie »Nitda«. Auch die Stadt, die um die Burg entstand, bekam den Namen Nidda.

Aus dem Jahr 1187 datiert eine Schenkungsurkunde über die Kirche und umfangreichen Grundbesitz von Graf Berthold II. an den Johanniterorden. Der Graf band sich damit nach den zurückliegenden Zwistigkeiten an das staufische Königshaus. Der von Barbarossa geförderte Orden gründete in Nidda eine Kommende. Es handelt sich um die älteste in Hessen und die achtälteste im Großpriorat Deutschland. Eine Grabplatte auf dem Gelände des Johanniterturms datiert sogar aus dem Jahr 1175. Um 1200 erben die Grafen von Ziegenhain die Grafschaft, da die Niddaer keine männlichen Nachkommen zeugen konnten.

Alte Grabplatten umsäumen den Johanniterturm

1206 wird erstmals eine mit einem Wassergraben gesicherte Burg erwähnt, die wohl im Zusammenhang mit dem von Friedrich Barbarossa angestoßenen Programm zur Sicherung der Kaiserpfalz Gelnhausen steht. Rund um sie herum entwickelte sich eine Siedlung, die auch heute noch den historischen Kern der Stadt Nidda bildet. Die Kirche und die sie umgebende Siedlung lagen nun außerhalb der neuen Stadt. Die weitere Stadtentwicklung auch zur Burg verfolgen wir im Laufe des Rundgangs und bleiben zunächst beim Johanniterturm.

Ausgrabungen aus dem Jahr 2005 weisen auf mehrere kirchliche Vorgängerbauten an dieser Stelle hin. Sie reichen bis ins 10. Jahrhundert zurück. Doch gibt es auch Hinweise auf noch ältere Nutzungen an dieser Stelle. So wurde unter dem Fundament der Vorgängerkirche ein Totenbrett entdeckt, das auf das Jahr 800 datiert wird. Dem Neubau der Kirche unter den Johannitern folgten weitere Umbauten im gotischen Stil und schließlich der Anbau des

Turms. Die Blütezeit der Kommende wird auf die zweite Hälfte des 13. Jahrhunderts datiert.

Mit der Reformation wechselte auch Nidda zum Protestantismus. Der erste Pfarrer Johannes Pistorius (1504–1583) besuchte die damals in der Kirche eingerichtete Lateinschule und hat später das Glaubensbekenntnis von Luther (Confessio Augustana) mit verfasst und unterzeichnet. Er war ein Weggefährte Philipp Melanchthons. Sein Sohn Johannes Pistorius Nidanus der Jüngere wurde Arzt, Jurist, kaiserlicher Rat und schließlich Beichtvater von Kaiser Rudolph II. Er war vom Protestantismus wieder zum Katholizismus zurückgekehrt.

1585 wurde das Ende der Johanniter-Kommende in Nidda durch den Verkauf der Besitztümer an den Landgrafen von Hessen-Marburg eingeläutet. Der heutige Hauptsitz des Johanniterordens befindet sich im Butzbacher Stadtteil Nieder-Weisel.

Erinnerung an die Gefallenen des Krieges am Johanniterturm

Die Geschichte der Kirche endet damit nicht, auch wenn sie in ihrer Funktion als Pfarrkirche ab 1618 durch die neu errichtete Stadtkirche vom Heiligen Geist abgelöst wurde. Sie diente zunächst als Lateinschule, war aber schon lange baufällig und wurde inmitten des Dreißigjährigen Krieges so stark beschädigt, dass sie schließlich aufgegeben wurde. Die Kirche verfiel zusehends, nur der Turm wurde erhalten. Mit ihm auch die darin befindlichen Glocken aus den Jahren 1519, 1572 und 1629. Diese wurden im Zweiten Weltkrieg nach Hamburg gebracht, wohl um sie dort einzuschmelzen. Doch das Schiff mit den Glocken wurde versenkt. Später wurden die Glocken jedoch geborgen und zurück nach Nidda gebracht.

Die Kirche selbst war trotz einiger Restaurierungsinitiativen nicht mehr zu retten, 1780 wurde sie der Stadt Nidda überlassen, um nötiges Baumaterial abzutragen. Der Turm aber wurde weiter erhalten und immer wieder einmal restauriert, zuletzt im Jahr 2012. An der Westseite befindet sich die überlebensgroße Skulptur eines Soldaten mit Schwert und dem Wappen Niddas mit Soldatenhelm. Seit 1922 erinnert sie an die Gefallenen des Ersten Weltkrieges. Links davon sind die Namen der Gefallenen im Mauerwerk notiert. Auch rund um die Kirche sind Grabplatten zu finden. Ebenfalls hier zu sehen sind ein neues Sandsteinmauerwerk und Gabionen. Sie folgen dem Verlauf einer Zeichnung aus dem Jahr 1633, nach der die Kirche umfassend saniert werden sollte. Wie wir inzwischen wissen, kam es dazu nie.

Wir folgen der Bahnhofstraße weiter stadteinwärts und gelangen auf die Schillerstraße, wo wir nach gut 50 Metern rechts in die Mühlstraße abbiegen. Wir erreichen die 1607 erbaute **Mühltorbrücke**, die

Einst die einzige Straßenbrücke Niddas: die Mühltorbrücke

bis 1840 die einzige Straßenbrücke Niddas war. In der linken Brückenmauer befindet sich ein Gedenkstein, der an den Bau erinnert. Ein Blick nach rechts fällt auf ein Mühlrad, die zugehörige Mühle hat der Brücke ihren Namen gegeben. Hier stand auch die Niddaer Münze, in der ab 1622 Kreuzer und Taler geprägt wurden. Ein weiterer Beleg dafür, wie die Stadt im Laufe der Jahrhunderte prosperierte.

1234 wird Nidda erstmals als Stadt erwähnt. Sie erhält damit Privilegien, die 1311 durch Johann I. von Ziegenhain bestätigt werden. Unter den späteren Herrschaften werden diese mehrfach erneuert. Auch eine Stadtmauer wird hier erstmals bezeugt. 1450 fallen die Grafschaften Nidda und Ziegenhain nach dem Tod von Johann I. von Ziegenhain an die Landgrafschaft Hessen. Nidda blieb eine besondere Bedeutung erhalten. So hielt der Niddaer Stern (der in veränderter Darstellung auch im Ziegenhainer Wappen zu finden ist) Einzug in das hessische Wappen. Und als Landgraf Friedrich I. von Hessen-Kassel von 1720 bis 1751 wegen der Herkunft seiner Gattin als König von Schweden regierte, war der Niddaer Stern schließlich auch in diesem Wappen zu finden. Zwischen 1848 und 1852 war Nidda Regierungsbezirks-Stadt und verwaltete 116 Gemeinden.

Das älteste erhaltene Fachwerkhaus Niddas ist das Reinhardt'sche Haus

Eine Blütezeit erlebte die Stadt im 17. Jahrhundert, als sie das Münzrecht erhielt und sich deswegen viele Neubauten leisten konnte.

Wir folgen der Mühlstraße durch den historischen Kern der Stadt mit seinen zahlreichen **Fachwerkbauten** aus dem 16. und 17. Jahrhundert. Das älteste Fachwerkhaus Niddas befindet sich in der Mühlstraße 4, das **Reinhardt'sche Haus** wurde um 1490 mit einem schönen Fachwerkbild durch regelmäßig angeordnete Viertelkreis-Streben und Radornament im Giebeldreieck erbaut. Eine Rarität ist das Drei-Giebel-Haus am Abzweig zum Petermannsgäßchen. Geht man ein Stück in das Gässchen hinein und dreht sich um, kann man gut erkennen, dass das Doppelhaus einen überzähligen Giebel hat.

Ein Giebel zu viel ist an diesem Haus am Abzweig zum Petermannsgäßchen zu erkennen

Das Herzstück der Altstadt ist der **Marktplatz** mit seinem Marktbrunnen, der vom Wappen der Stadt geprägt ist. Der Brunnen wurde 1650 mit einem neuen Aufsatz versehen, der einmal mehr den achtstrahligen Stern der Grafen von Nidda trägt. Auch das Schloss und die nicht mehr vorhandenen Stadttore sind darauf zu erkennen.

Etwas störend wirkt der Verkehr auf der den Marktplatz passierenden Bundesstraße, denn auch die gegenüberliegende Seite hat einiges zu bieten. Das aus dem Jahr 1811 erbaute **Alte Rathaus** und das ehemalige Stadtwirtshaus »Hotel Zum Stern« glänzen mit ihren Renaissance-Elementen. In beiden Gebäuden ist heute das Heimatmu-

Der Marktbrunnen ist eines der Identifikationsmerkmale der Stadt

Im Alten Rathaus ist heute ein Teil des Heimatmuseums untergebracht

seum untergebracht *(Raun 1, Di., Do. + So. 15–17 Uhr, Eintritt frei, museum-nidda.de, Tel. 06043-4139, Sonderführungen in Verbindung mit Stadtführungen auf Anfrage).* Im März 1983 wurde der Verein Niddaer Heimatmuseum gegründet, um einem schon seit Jahrzehnten gehegten Wunsch nachzukommen. Bereits 1984 wurde die erste Ausstellung eröffnet. Heute ist die ständige Ausstellung auf rund 600 Quadratmetern untergebracht. Hinzu kommen Räume für Sonderausstellungen und Vorträge, ein Büro und ein stetig wachsendes Archiv.

Die historische Cloos'sche Akzidenzdruckerei im Heimatmuseum

Die Siedlungsgeschichte wird dabei ebenso beleuchtet wie das Handwerk, das gleich in mehreren Ausstellungen präsentiert wird. So können Besucher die historische Cloos'sche Akzidenzdruckerei besuchen, eine Töpferstube und die Möbelwerkstätten C. Ringshausen. Die Wasser- und Stangenkunst des Wilhelm Langsdorf skizziert den Aufstieg des Heilbades Bad Salzhausen. Denn mit ihr wurde Sole auf mehrere Gradierwerke verteilt. Auch eine hochmittelalterliche Kreuzplatte aus der ehemaligen Johanniterkirche ist hier ausgestellt, ebenso eine über 150 Jahre alte Turmuhr aus dem Kirchturm des Ortsteils Stornfels. Zahlreiche Fotografien reichen bis ins Jahr 1850 zurück und geben Eindrücke davon, wie sich das Leben moderner Prägung in Nidda entwickelte. Um der ursprünglichen Nutzung des Hauses gerecht zu werden, befindet sich im Erdgeschoss eine Ausstellung, die eine Gaststube des 19. Jahrhunderts zeigt. 2018/2019 kam eine weitere Ausstellung hinzu, die sich mit der Migration befasst, darunter auch die Auswanderung nach Amerika. Seit 2021 gibt es eine archäologische Abteilung, die auf zehn Tafeln die wesentlichen Urkunden und Ereignisse der Stadtgeschichte zusammenfasst.

Das Jüdische Museum in Nidda

Gegenüber des Heimatmuseums befindet sich das **Jüdische Museum** Nidda *(Raun 62, So. 14–17 Uhr oder nach Vereinbarung, Tel. 0160-93051300, niddas-juden.de)*. Der zugehörige Verein wurde 2001 auf Initiative von Pfarrer Wolfgang Stingl gegründet, setzt sich für den Erhalt und die Weiterführung des Museums ein und hilft mit, das Wissen über die Geschichte der jüdischen Familien Niddas und ihrer Religion an Interessierte weiterzugeben.

Das Haus selbst ist Teil der jüdischen Geschichte Niddas. Es befand sich bis zur durch die Nationalsozialisten erzwungenen Ausreise im Besitz der jüdischen Familie Stern. Mit Hilfe von Siegfried (Fred) Strauss, einem früheren jüdischen Bürger Niddas, dem es gelang, in die USA auszureisen und auch seine Eltern nachzuholen, konnte das Haus erworben werden.

Zur Erinnerung an diesen Sponsor sollte das Museum die Familiennamen seiner Eltern tragen: Zimmermann-Strauss.

Das Museum dient der Erinnerung an die lange Geschichte der Juden, die in Nidda ihre Heimat hatten. Beleuchtet werden das Alltagsleben, die Religion und die Geschichte der jüdischen Gemeinde in Nidda sowie die Synagoge und die Schicksale jüdischer Familien während der NS-Zeit. Die Anschauungsobjekte stammen zum großen Teil aus dem Besitz Niddaer jüdischer Familien, die sie dem Museum überlassen haben. Im Synagogenzimmer zu sehen sind nicht nur eine große Thorarolle und die zugehörigen Mäntel, sondern auch ein Modell der jüdischen Synagoge. Diese wurde zwangsverkauft und zu einem Wohnhaus umgebaut. Von zentraler Bedeutung ist auch ein Raum, der der Zeit des Nationalsozialismus und den Schicksalen der jüdischen Familien gewidmet ist. Ein weiterer Raum befasst sich mit der gemeinsamen Wurzel von Christen- und Judentum: der Bibel, die in vielen kunstvollen Exemplaren aus verschiedenen Epochen zu sehen ist. Eine Bibliothek im Obergeschoss beherbergt zudem über 1.500 Bände über die Geschichte der Juden,

Die Ausstellungsstücke im jüdischen Museum stammen zu einem großen Teil aus dem Besitz Niddaer Familien

Das Feuerwehrmuseum ist – wie kann es anders sein – im früheren Spritzenhaus beheimatet

der jüdischen Gemeinden in Hessen, über Antisemitismus und den Holocaust. Auch Literatur zum christlich-jüdischen Dialog, zahlreiche Werke jüdischer Schriftsteller, Bildbände und Reiseliteratur über Israel, jiddische und jüdische Erzählungen und Nachschlagewerke können gelesen und ausgeliehen werden. Der Verein bietet zudem Führungen im Museum, über den jüdischen Friedhof und zu jüdischen Stätten in Nidda an.

Das dritte Museum im Bunde dieses Dreiecks ist das **Feuerwehrmuseum** im Alten Spritzenhaus am Marktplatz *(Gerbergasse 2, Eintritt frei, März–Dezember, 1. So. im Monat, 13–15 Uhr, sowie nach Vereinbarung, museum.ff-nidda.de, Tel. 06043-1754).* Es ist das einzige seiner Art im Wetteraukreis und eines von 35 in Deutschland. 2006 wurde es als Museum eingeweiht. Das Niddaer Feuerwehrmuseum dokumentiert die Entwicklung des Feuerwehrwesens zwischen circa 1850 und 1950 in der Gemeinde. Vor allem an verkaufsoffenen Sonntagen oder bei Festen auf dem Marktplatz und bei den beliebten Oldtimertreffen mit historischen Feuerwehrfahrzeugen von nah und fern erhält das Feu-

Einen Einblick in die Entwicklungsgeschichte der Feuerwehr bietet das Museum an der Einmündung zur Gerbergasse

erwehrmuseum Zuspruch. Viele Fahrzeuge und Gerätschaften, Figuren in Einsatzkleidung, historische Fotos und Dokumente sprechen für sich, zudem gibt es Infotafeln. Allein das Gewicht der historischen Spritzenfahrzeuge lässt erahnen, unter welchem großen körperlichen Einsatz früher die Löscharbeiten abliefen. Das älteste Stück des Feuerwehrmuseums ist ein Löscheimer, der cirka 1680 aus Stroh gebunden und mit Ton oder Lehm ausgekleidet wurde. Unmittelbar daneben befinden sich zwei etwa 200 Jahre jüngere lederne Löscheimer aus Nidda und Stornfels, auch die Schläuche waren ursprünglich aus Leder, Bekleidung und Ausrüstung durchaus zweckmäßig, jedoch weit von heutiger Effektivität und dem so wichtigen Selbstschutz für die Einsatzkräfte entfernt. Wasserdicht ausgekleidete Stroh-, später Ledereimer waren ab dem Mittelalter die einfachsten Feuerlöscher, die im Brandfall von Hand zu Hand weitergereicht wurden, wobei die Menschen eine Kette vom Wasserreservoir bis zur Brandstelle bildeten. Ein Löscheimer gehörte deshalb zwingend in jeden Haushalt und wurde in Nidda jungen Paaren bei der Eheschließung überreicht.

Von einfachen Holzleitern und Einreißhaken über dampf- und schließlich motorbetriebene Spritzen ging die rasante Entwicklung bis zum Löschgruppenfahrzeug LLG. Das Prunkstück steht gleich im offenen Eingangstor des Feuerwehrmuseums am Niddaer Marktplatz: Das Löschgruppenfahrzeug LLG, 1941 gebaut bei Daimler-Benz in Mannheim, ist der ganze Stolz des Museums. Die ersten Jahre verbrachte das Fahrzeug der Feuerlöschpolizei im Ferneinsatz der Feuerwehr Nidda, nämlich bei Luftangriffen in Frankfurt und Offenbach, Kassel, Gießen, Hanau, Friedberg und Mannheim – wo es beschossen wurde und ein paar Löcher im Heck davontrug. Nach 1945 wurde es feuerrot gespritzt und diente der Feuerwehr Nidda weiter bis 1981. Dabei hatte es so manchen Großbrand erlebt, zum Beispiel bei der Firma Himmelsbach auf dem späteren Hornitex-Gelände. Seit 1981 war das Fahrzeug ausgemustert und wurde in einjähriger Fleißarbeit von vielen Feuerwehrkameraden in den Auslieferungszustand von 1941 zurückversetzt.

Wir überqueren den Marktplatz erneut und tauchen in der Schlossgasse wieder in die Altstadt mit ihren größtenteils hervorragend sanierten alten Gebäuden ein. Wir passieren die Krugsche Gasse, die an die bedeutende Familiendynastie der früheren Salinenbesitzer und Freiherren Krug von Nidda und Falkenstein erinnert. Die Familie brachte bedeutende Persönlichkeiten hervor. So Roland Krug (1554–1617), der als Rentmeister und Amtmann fungierte. 1763 rief die Familie eine Armen-Stiftung ins Leben, von der viele Niddaer profitieren konnten.

Wir erreichen den rückwärtigen Bereich der ältesten Saalkirche in Hessen, der **Stadtkirche Zum Heiligen Geist**. Die Kirche wurde 1615 bis 1618 im Renaissance-Stil erbaut. Nach dem Verfall anderer Kirchen wie der bereits erwähnten Johanniterkirche beschloss die noch junge evangelische Kirchengemeinde, die katholische Marienkirche an dieser Stelle abzureißen und sie durch eine neue zu ersetzen. Mit dem Bau beauftragt wurde der italienische Baumeister Ulrich de Fonesto, auch »der Wolff« oder »der Mayländer« genannt. Leider war er alles andere als ein Meister, da sich trotz hoher Baukosten bald schwere Baumängel herausstellten, so dass der

Die Stadtkirche Zum Heiligen Geist ist die älteste Saalkirche Hessens

ganze Turm und Teile des Kirchengemäuers abgetragen und erneuert werden mussten. Der Baumeister suchte das Weite und hinterließ beträchtliche Schulden bei Wirten, Bäckern und anderen Bürgern. Eine Fahndung nach ihm blieb erfolglos, so dass die Gemeinde den neuen Kirchturm nur mit einer niedrigen Haube hat versehen können. Durch Spenden und Unterstützung des Landgrafen war es immerhin möglich, drei Glocken aufzuhängen. Die Stuckdecke im Inneren trägt die Jahreszahl 1616 und zeigt neben den Wappen des Landgrafen Ludwig V. von Hessen-Darmstadt und seiner Gemahlin Magdalene von Brandenburg den Doppeladler als Sinnbild göttlicher Begeisterung sowie den Pelikan als Sinnbild der göttlichen Liebe. Ein Kleinod besonderer Art ist die 1615 von einem Unbekannten geschnitzte Kanzel, gestiftet von Amtmann Schwartz und seiner Frau. An den fünf Ecken der Kanzel stehen die vier Evangelisten und der Apostel Paulus.

Das Kruzifix aus dem 17. Jahrhundert ist ebenfalls beeindruckend, nicht zuletzt deshalb, weil es die Inschrift »INRI« nicht nur auf lateinisch und griechisch sondern – was selten ist – auch hebräisch trägt. Der Steinaltar und das Taufbecken aus rotem Sandstein

Doppeladler und Pelikan: die Stuckdecke der Kirche Zum Heiligen Geist

sind schlicht verziert und stammen ebenfalls aus dem 17. Jahrhundert. Die älteste Orgel der Stadtkirche von 1621 wurde im Laufe der Zeit durch vier Nachfolger ersetzt, die neue weist aber noch das Gehäuse der zweiten Orgel aus dem Jahr 1781 auf.

1897 stiftete die Familie Krug zu Nidda die mit ihren Wappen verzierten Doppelfenster im Chorraum. Unter dem mittleren Fenster ist der Grabstein des Ahnherren der Familie Krug von Nidda, des Amtmannes der Grafschaft Nidda Roland Krug aus Goar, zu sehen. Sein Grab befand sich in der Johanniterkirche, der Stein wurde später in die Stadtkirche versetzt.

Nachdem wir die Kirche verlassen haben, gehen wir ein Stück zurück und biegen Auf dem Graben in den kleinen Weg ein, der direkt in die frühere **Wasserburg** führt. Auf den Fundamenten der alten Wasserburg der Grafen Berthold von Nidda wurde im ausgehenden 16. Jahrhundert ein Renaissance-Schloss erbaut. Um 1600 wurde es, ehemals noch von einem Wassergraben umgeben, erneut umgebaut und diente als Sitz der Amtmänner, die von den Landgrafen von Hessen-Darmstadt zur Verwaltung eingesetzt wurden, darunter so verdiente Amtsträger wie Roland Krug, Reinhard Abell (Stifter

Schauplatz mittelalterlicher Schwertkämpfe: das Schloss zu Nidda

des ehemaligen Armenhauses und Hospitals) und Amtmann Arnold Schwartz (Stifter der Kanzel in der evangelischen Saalkirche). Später diente das Schloss als Amtsgebäude des Regierungsbezirkes (1848 bis 1852) und des Kreises Nidda (bis 1874). Nach dessen Auflösung beherbergte es bis 2011 das Amtsgericht. 1907/1908 kam ein Anbau mit Durchfahrt zum Schlosshof hinzu.

Seit 2018 befindet sich das gesamte Anwesen in Privatbesitz. Allerdings gestattet der neue Schlossbesitzer Axel Friedersdorf jedem den Durchgang durch seinen Hof, um das schöne Ensemble genießen zu können. Der gelernte Zimmermann und Restaurator steckt gemeinsam mit seiner Gattin Dr. Nicole Friedersdorf viel Zeit, Geld und Herzblut in das fast kreisrunde und geschlossene Ensemble. Schließlich stand es fast zehn Jahre leer, wurde immer wieder von Vandalismus heimgesucht. Es befand sich zuvor im Besitz einer Vermögensverwaltung aus Berlin. Nach und nach sanieren die Friedersdorfs die Gebäude, um diesen wieder zu altem Glanz zu verhelfen. So wurde auch das ehemalige Gefängnis mit viel Liebe zum Detail saniert und ist heute privat vermietet. Mittlerweile ist im Schloss ein historisches Stan-

Vollkontakt-Schwertkampf mit Axel Friedersdorf ist im Niddaer Schloss möglich

desamt eingerichtet, und es finden öffentliche Veranstaltungen wie der Weihnachtsmarkt, aber auch Konzerte, Vorträge und Ausstellungen statt.

Wer sich für historischen Schwertkampf interessiert, ist bei Familie Friedersdorf ebenfalls an der richtigen Adresse. Das Ehepaar ist seit Jahren fester Bestandteil des deutschen WM-Kaders im historisch gerüsteten Vollkontakt-Schwertkampf, das 2018 den Vizeweltmeistertitel nach Hause holte. Regelmäßig trainiert Axel Friedersdorf Schüler des Niddaer Gymnasium in einer Schwertkampf-AG und sorgt so für talentierten Nachwuchs. Informationen zu aktuellen Veranstaltungen auf Schloss Nidda gibt es unter www.schloss-nidda.de.

Wir verlassen das Schloss auf der gegenüberliegenden Seite und folgen der Straße Hinter dem Brauhaus nach links. Dort kommen wir noch an einem Stück Stadtmauer vorbei. Bis zu ihrem Abriss 1840 war sie noch in großen Teilen erhalten. Das Stück, das wir nun erblicken, wurde 1988/1989 neu aufgemauert. An der Mühltorbrücke ist das Ende der Tour erreicht. Wer nun noch etwas essen oder trinken möchte, ist auf dem Marktplatz gut aufgehoben. Neben Eisdielen und Cafés gibt es hier das alteingesessene Restaurant **Zur Traube** mit eigener Brauerei. Es gibt bodenständige, aber auch raffinierte regionale Küche.

Seitensprung – Bad Salzhausen

Ein Ort, im Kurpark gelegen

Dauer: 2 Stunden
Strecke: 3 Kilometer
Start: Bahnhof mit der RB 48 von Nidda, Parkplätze am Bahnhof vorhanden (wenige), Ausweichmöglichkeit Parkplatz am Skulpturenpark (Liebigstraße) oder Bürgerhaus (Kurallee)

Das Dorf **Salzhausen** wurde vermutlich im Zuge des karolingischen Landesausbaus in der Zeit um 800 nach Christus begründet. Belege aus einer früheren Zeit liegen mangels archäologischer Grabungen nicht vor. Bedingt durch die natürlichen Salzquellen und die Nähe zum Limes ist jedoch eine Nutzung der Salzquellen bereits in römischer oder gar keltischer Zeit nicht auszuschließen. Salzhausen wird erstmals im Jahre 1187 in der bereits erwähnten Schenkungsurkunde der Grafen Berthold von Nidda an die Johanniter in Nidda als »Salzhusin« (etwa: die Häuser bei den Salzquellen) erwähnt.

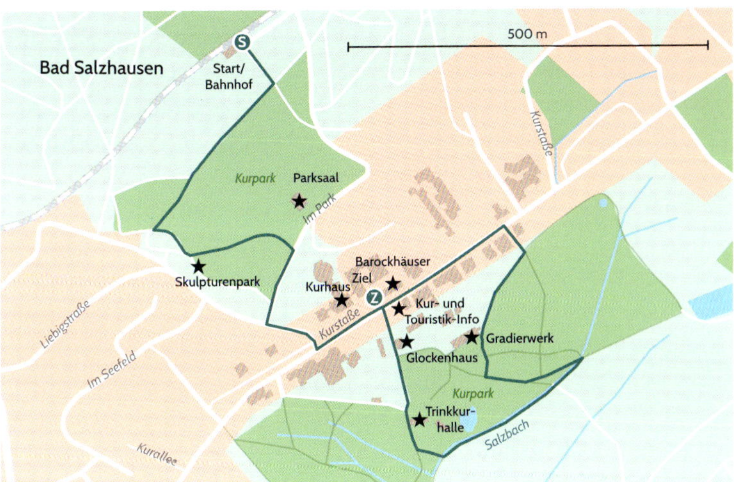

Danach hatte Salzhausen den kleinen Zehnten von 24 Acker und einen Malter Hafer an die älteste hessische Johanniterniederlassung abzuliefern.

Salzhausen wird erneut 1315 in einer Streitsache zwischen den Grafen und dem Orden erwähnt und dann wieder im Jahre 1446 in einem Zinsverzeichnis des Amtes Nidda. Als zinspflichtiger Bewohner taucht hier ein »Hensel der Soder« auf, was den Schluss nahelegt, dass man zu diesem Zeitpunkt auf einfache Art bereits Salz gewann, aber wohl eher für den Hausgebrauch. In der weiteren Region reicht die Tradition der Salzgewinnung sogar bis in keltische Zeit zurück. Als erster Pfänner (Besitzer der Sode) erscheint Ludwig Knott in Salzhausen (1495–1511), der für den inzwischen landgräflichen Besitz zwei Gulden zu zahlen hatte.

Zwar war in dieser Zeit das Gradieren der Sole noch nicht bekannt, aber Knott hatte wohl die Bedeutung der Salzquellen richtig erkannt und betrieb zwei Salzpfannen, die von drei Södern bedient wurden. Wegen des hohen Holzverbrauchs beim Versieden blieb der Ertrag insgesamt gering. Erst 100 Jahre später führte der Niddaer Amtmann Roland Krug sogenannte Strohleckwerke ein, wodurch eine höhere Konzentration bei der Sole entstand, der Siedevorgang verkürzt und die Salzgewinnung damit verbilligt wurde. In der Zeit von 1593 bis 1729 war die Familie Krug über fünf Generationen mit Salzhausen belehnt. Zwischenzeitlich hatte ein gewisser Lizentiat von Dorneck die in Verfall geratene Saline nach 1577 mit landgräflicher Unterstützung wiederaufgebaut. Obwohl Roland Krug die damals vorhandenen drei Salzbrunnen reinigen, fachmännisch ausbauen und erweitern ließ, was ihn wohl zum Hauptschöpfer und Organisator des Salzhäuser Salzwerkes werden ließ, geriet dieses auch unter der Familie Krug nach und nach in Verfall, so dass die Landesherrschaft in Darmstadt die Lehnsrechte ablöste.

Tief einschneidende Reformen erfuhr der Salinenbetrieb in den Jahren 1776 bis 1786, als der Hochfürstliche Hessen-Darmstädtische Kammerrat Johann Wilhelm Langsdorff und seine Nachkommen eine neue wichtige Entwicklungsphase für den Salzgewinnungs-

Blumenpracht vor dem jüngst erneuerten Gradierwerk

ort einleiteten. Insgesamt sieben Gradierbauten mit einer Länge bis 210 Metern entstanden. Darunter auch ein Rundbau. Sie erhöhten den Grad oder auch die Lötigkeit der zu versiedenden Sole. Unter Langsdorff wurde gleichfalls die Dorngradierung eingeführt, und eine sogenannte »Wasserkunst« lieferte vermehrt Sole aus den neu erbohrten ergiebigen Quellen.

Neben zwei Windmühlen sorgte die Wasserkunst mit ihrem Kunstgestänge und mehreren Wasserrädern für die notwendige Energie zum Betreiben der Solepumpen, die bis dahin durch die Muskelkraft von Pferden bewegt wurden. Dazu wurde das Niddawasser abgezweigt und in Holzrohren vom Stadtteil Kohden aus über den Berg nach Salzhausen gepumpt, um dort in Teichen aufgefangen zu werden. Der heutige Landgrafenteich ist ein letztes Überbleibsel aus diesen Zeiten.

Mit dem Wasser wurden Wasserräder, wie heute noch eines im Unteren Kurpark hinter dem Trinkkurhaus zu sehen ist, in Bewegung gesetzt, die ihrerseits wieder die Pumpen für die Sole-Förderung antrieben. Parallel zu den Röhren verlief ein bewegliches Balkengestänge, das in kunstvoller Weise über den Berg geführt ebenfalls Pumpen antrieb. Dieses Gestänge wurde als Ausgangspunkt von Kohdener »Radhaus« bewegt. Die Salzgewinnung, die in der Blütezeit des Ortes bis zu 4.600 Zentner jährlich betragen hatte, wurde mit der Zeit jedoch unrentabel. Mehrere Erdbeben brachten einige Quellen zum Versiegen, oder aber es konnte nur noch Sole mit geringerer Lötigkeit gefördert werden. Umfangreiche Bohrungen brachten keine Abhilfe. 1860 wurde daher die Salzgewinnung eingestellt, die Anlagen der Wasserkunst verschwanden ab 1864 nach und nach. Ein Verbleib von früher sind der heute zu Inhalationszwecken unterhaltene Gradierbau sowie das Wasserrad.

Doch dafür wandelte sich der Ort immer mehr zum Kurort. Salinenrat Karl Friedrich Langsdorff leitete diesen Wandel bereits zu Beginn des 19. Jahrhunderts ein. Zunächst stieß dies nur auf verhaltene Begeisterung, die Anfänge waren klein. Doch der gute Ruf der Quellen verbreitete sich rasch. Bereits 1821 wurde ein kleines Badehaus mit fünf Badezellen eingerichtet.

Zum Durchbruch des Ortes als Heilbad beigetragen hat der weltbekannte Gießener Chemiker Justus von Liebig. Er analysierte die Sole und betrieb zwischen 1828 und 1831 in den Räumen der heutigen Kirche ein Labor und eine Bittersalz- und Salzsäurefabrik. Er versuchte sich an der Herstellung von Leim, Glaubersalz, Chlorkalk und Soda. Doch dies war wenig ertragreich, die Unterstützung wurde von Liebig entzogen. Liebigs Ergebnisse aber waren für den Kurbetrieb von Nutzen. So haben die ersten beiden Badeärzte des Ortes Gral und Möller die Analysen in ihrer Wirkung und Anwendungsweise beschrieben. Die heilende Wirkung hatte auch von Liebig charakterisiert, auch wenn sein Fokus auf anderen Dingen lag. Salzhausen wurde damit zu einem der ältesten Solebäder Deutschlands und überflügelte im 19. Jahrhundert gar den mondänen Kurort Bad Nauheim als geselligen Mittelpunkt der Wetterau. Auch wenn der Ort selbst heute noch gerade einmal 700 Einwohner aufweist.

Schon der **Bahnhof** Bad Salzhausen wirkt, als sei er aus der Zeit gefallen. Am oberen Ende des oberen Kurparks – gemeinsam mit

Klein und verträumt: der Bahnhof in Bad Salzhausen

dem unteren Kurpark hat dieser eine Fläche von 52 Hektar und ist damit größer als der gesamte Kurort – liegt der Bahnhof mitten im Wald. Von hier aus gehen wir bergab durch eine weitläufige Parklandschaft, die einen **Skulpturenpark** beherbergt *(Führung jeden 1. So. 14 Uhr, www.kunst-projekt.de)*. Er ist das Ergebnis eines vom Verein Kunst:Projekt organisierten Handwerkersymposions, das alle

Der Skulpturenpark im Oberen Kurpark

Auf Streifzug durch den Oberen Kurpark

zwei Jahre hier stattfindet. Die Ergebnisse des schöpferischen Austauschs bilden den Kern des Parks. Seit 2016 wird der Bestand gezielt bei einem jährlich Ende August/Anfang September stattfindenden Werkforum ergänzt und weiterentwickelt.

Der historische Landschaftsgarten selbst wurde 1824 von C. Bindernagel aus Friedberg entworfen und war bereits von ihm schon als Kunstwerk angelegt, das durch die Wegeführung und die daraus entstehenden Blickachsen, Freiflächen und Landschaftsbilder ein vollkommenes Naturerlebnis vermitteln sollte. Kunst und Natur sollen so als verdichtete Einheit dienen.

Streifen Sie über die Wege und Wiesen durch den alten Baumbestand, der älteste Baum ist eine 400 Jahre alte Esche, und lassen Sie die Kunstwerke auf sich wirken. Jährlich kommen Bäume des Jahres durch die Schutzgemeinschaft Deutscher Wald hinzu. 1827 erbaute Hofbaumeister Georg Moller aus Darmstadt im Oberen Kurpark als klassizistischen Gesellschaftsbau den künstlerisch und historisch wertvollen **Parksaal**. Ehemals als Tanzsaal genutzt, dient er heute als Veranstaltungsraum mit besonderem Flair. Am Ende des Rundgangs erreichen wir das **Kurhaus** und damit den Ort, der wohl als

Herzstück des Heilbades: das Kurhaus

einziger Kurort Deutschlands in einem Kurpark eingebettet ist und nicht andersherum.

Das Kurhaus wurde 1826 ebenfalls von Moller erbaut. Das Gebäude besticht durch seine klassizistische Fassade und stellt das repräsentative Herzstück des Heilbades dar. Früher diente die Esplanade vor dem Kurhaus für repräsentative Fotos der gehobenen Gesellschaft. Heutzutage ist es beliebt, sich ein Picknick im Kurhotel zu bestellen und es dann im Park einzunehmen. Als Hotel genutzt, bietet das Kurhaus mit dem angegliederten Kursaal ein festes Ensemble, das alle Blicke auf sich zieht. Der **Kursaal** wurde im Jahr 1961 fertiggestellt und gliedert sich trotz seiner extrovertierten Form harmonisch in die Obere Kurparklandschaft ein. Direkt benachbart zum Kurhaus schließen sich die **Barockhäuser** an, die in der zweiten Hälfte des 18. Jahrhunderts, also noch zur Salinenzeit, als Funktionsbauten errichtet wurden. Dahinter befindet sich das ehemalige **Kurmittelhaus**, das im historischen Fachwerkstil mit niedersächsischen Anklängen erbaut wurde. 1907 wurde es von Bad Nauheim nach Bad Salzhausen übertragen. Gegenüber befindet sich ein schieferverkleidetes Gebäude mit hohem zweistöckigem Walmdach.

Das Glockenhaus beherbergt heute ein Kunstatelier

Dort befindet sich die **Kur- und Touristik-Info** des Kurortes, die gerne mit allerlei Broschüren und Tipps aushilft.

Rechts an diesem Haus vorbei gelangen wir in den unteren Teil des Kurparks. Das **Glockenhaus** von 1760 zur linken Seite bildet zusammen mit dem Gebäude der Kurverwaltung den historischen Gebäudeeingang zum Unteren Kurpark. Das Glockenhaus ist eines der noch erhaltenen prägenden Gebäude, die die Entwicklung vom Salzsiedeort zum Heilbadort maßgeblich mitbestimmt haben. Es stellte den Sitz der Salinendirektoren dar und nimmt eine exponierte Lage im Kurpark ein. Damals wie heute erklingen dort zur halben und vollen Stunde die Glocken im Turm des Hauses. Heute befindet sich dort die Malschule von Dieter Schiele, Großneffe des bekannten Künstlers Egon Schiele. Stehen die Türen offen, können Interessierte direkt an einer Werkschau in der Galerie teilnehmen.

Auf dem weiteren Weg sollte der Blick schweifen. Denn der Untere Kurpark ist ein **Arboretum**, das mit großer Vielfalt ausgestattet wurde. Es finden sich Arten wie der Lebkuchenbaum und der Taschentuchbaum. Durch die sechs salzhaltigen Quellen sind aber auch besondere Salzpflanzen hier zu finden.

Weiter geradeaus stoßen wir auf die **Trinkkurhalle**. Sie barg einst alles, was das Herz eines anspruchsvollen Kurpublikums erfreute. Nicht nur diente das Gebäude der Fassung der Solequelle mit da-

Mit Konzertsaal und Wandelhalle: die Trinkkurhalle im Kurpark

zugehöriger Trinkhalle, auch ein Konzertsaal und eine Wandelhalle waren ab 1830 Teil des Gebäudes. Ein polygonaler Kernbau aus dem 18. Jahrhundert mit eindrucksvollem Hochbehälter bildet das Kernstück der Anlage, die im 19. und frühen 20. Jahrhundert mehrfach erweitert wurde. Der Brunnen aus schwarzem Granit befindet sich in der Wandelhalle, eine Pavillonvorhalle mit weiterem Brunnen lädt zur Soletrinkkur ein. Hier, über der Södergrundquelle, befindet sich auch eine Plastik von Well Habicht, die einen Knaben auf einer Gans zeigt. Die Södergrundquelle zählt neben weiteren bedeutenden Quellen wie der Roland-Krug-Quelle oder der Nibelungenquelle zu den sechs sehr unterschiedlichen Quellen Bad Salzhausens. Heute lassen sich Niddaer Verliebte in dem Gebäude trauen.

Wir folgen weiter dem Weg an der Trinkkurhalle vorbei und kommen zur »**Wasserkunst**«, wie sie von Johann Wilhelm Langsdorff entwickelt wurde. Vom Wasserrad aus pumpten Gestänge das salzhaltige Quellwasser in die Gradierwerke. Wir befinden uns im unteren Quellengebiet und folgen dem Weg entlang des Salzbachs

Das Trauzimmer in der Trinkkurhalle

weiter. Linkerhand sehen wir nun den letzten der ehemals sieben **Gradierbauten**. Er diente früher der Konzentration und Reinigung der Sole, heute der Inhalation. Das heutige Gradierwerk basiert auf den Plänen vom Anfang des 20. Jahrhunderts. Es wurde 2021 saniert. Das Projekt ist Teil eines größeren Parkpflegewerks, um die Anlagen nach alten Plänen wieder aufzuarbeiten.

Während der obere Kurpark einen englischen Landschaftspark nach romantischem Stil darstellt, diente der untere Teil zur Salzgewinnung. Deswegen laufen hier die Wege auch gerader als im verschlungenen und wilderen oberen Teil. Wir folgen dem Weg vom Gradierwerk weiter nach Westen, wer mag, kann noch weiter durch den Park flanieren. Durch eine kleine Stichstraße geht es dann zurück auf die Kurstraße. Cafés und Eisdielen laden zum Verweilen ein. Wer gehoben speisen möchte, kehrt ins Kurhaushotel ein.

Veranstaltungen

Frühlingsmarkt mit Vergnügungspark am dritten Wochenende im März auf dem Festplatz am Bürgerhaus in Nidda

Die von Johann Wilhelm Langsdorff entwickelte Wasserkunst

Herbstmarkt mit Vergnügungspark am ersten Wochenende im September auf dem Festplatz am Bürgerhaus in Nidda

Martinimarkt mit Vergnügungspark am ersten Wochenende im November auf dem Festplatz am Bürgerhaus in Nidda

Weihnachtsmärkte am ersten Advent in Nidda und am zweiten Advent in Bad Salzhausen

Park- und Lichterfest in Bad Salzhausen mit Musik, Tanz, Talk, Kindervergnügen und Lichterbildern aus Kerzen im unteren Kurpark sowie Höhenfeuerwerk, samstags im Juni. Am Folgetag Künstlerfest mit Verkauf, Musik und Kulinarik

Fest der Kulturen/Nacht der Museen im jährlichen Wechsel im August

Weitere Informationen unter **www.nidda.de**

6 – Wenn 400 Millionen Jahre alte Relikte auf Conny Froboess treffen

Wenn 400 Millionen Jahre alte Relikte auf Conny Froboess treffen

Büdingen kann weit mehr als Mittelalter

Es gibt nur wenige Städte, die die vergangenen Jahrhunderte nahezu schadlos überstanden haben. Büdingen kann sich zu diesen Städten zählen und muss den Vergleich zu Rothenburg ob der Tauber nicht scheuen. Kein Wunder, dass Albert Einstein nach einem Besuch Büdingens im Mai 1952 diese Worte wählte: »Ein Stück Mittelalter, gezeigt von seiner besten Seite«. Unser Spaziergang beginnt nahe des Marktplatzes. Er führt uns durch **Gärten** und entlang der Stadtmauer zum **Schloss** des Fürstenhauses Ysenburg-Büdingen.

Doch die frühere Kreisstadt des Altkreises Büdingen hat darüber hinaus faszinierende Museen zu bieten, die in Deutschland Besonderheiten darstellen. Das **Heuson-Museum** ist dabei noch das, was man im Allgemeinen am ehesten unter dem Begriff Museum versteht. Ausgefallener kommen das **Metzgermuseum**, das **Sandrosen-**

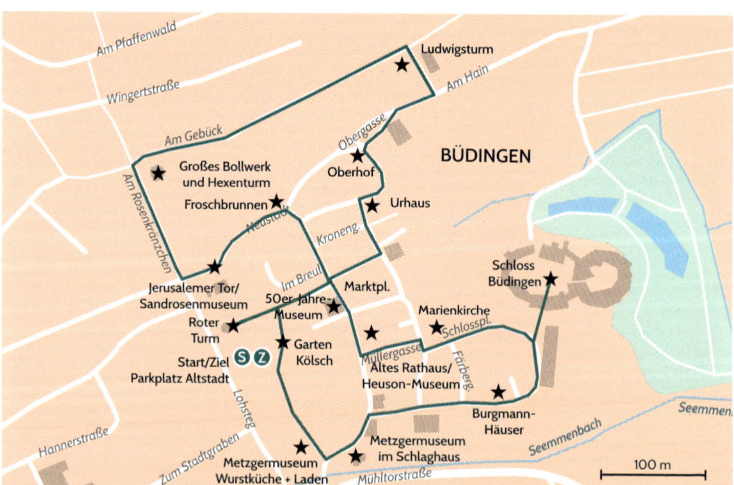

museum und vor allem das **50er-Jahre-Museum** daher, die faszinierende Ausflüge in ganz unterschiedliche Welten anbieten.

Der »Seitensprung« in diesem Kapitel führt über die Stadtgrenze hinaus in die benachbarte Gemeinde Glauburg. Büdingen selbst hat auch interessante Sehenswürdigkeiten wie den **Herrnhaag** zu bieten. Doch ein Führer über die Wetterau ohne das bei Glauburg erbaute **Kelten-Museum** würde ein elementares Puzzlestück der kulturhistorischen und heutigen touristischen Bedeutung der Wetterau außer Acht lassen.

Dauer: ca. 3 Stunden (mit Museen)
Strecke: 3 Kilometer
Start: Parkplatz Altstadt (Altstadt 31)
ÖPNV: Die Buslinie FB-24 vom Bahnhof (Richtung Kefenrod-Burgbracht) hält am südlichen Zugang zur Altstadt (Bushaltestelle Mühltor)

Nein, wir tauchen nicht sofort ins Mittelalter ein, wenn wir über die **Mühltorbrücke** die Altstadt betreten (oder uns nach Anreise mit dem Pkw schon direkt auf dem Parkplatz Altstadt befinden). Die hier befindlichen Häuser und auch das Metzgermuseum können wir uns für das Ende der Tour aufheben. Direkt am Altstadtparkplatz

Grüne Lunge in der Altstadt: der Garten Kölsch

steht dafür noch ein kurzer Ausflug ins Grüne an, bevor wir die mittelalterlichen Befestigungsanlagen erkunden.

Denn direkt rechterhand des Parkplatzes befindet sich mit dem **Garten Kölsch** ein Musterbeispiel für bürgerschaftliches Engagement zwischen den hohen Mauern der Büdinger Altstadt. Um 1860 erwarb Hofarzt Dr. Ludwig Westernacher das Anwesen an der Stadtmauer. Er vererbte es an seinen Schwiegersohn, den ysenburgischen Rentamtmann Louis Kölsch – und der wiederum an seine 1894 geborene Tochter Edith Kölsch. Mit ihr begann die Entwicklung dieses kleinen innerstädtischen Paradieses. Von ihren Reisen durch Europa brachte Edith Kölsch, die Zeit ihres Lebens ledig blieb, Pflanzen und Samen vor allem von Stauden und Rhizomen mit, um sie in ihrem heimatlichen Garten anzupflanzen und diese mit viel Hingabe zu pflegen. Der Garten stand Besuchern immer offen und lud nicht nur zu botanischen Fachgesprächen ein. Auch befreundete Künstler von Edith Kölsch ließen sich von Zeit zu Zeit blicken und tauchten in die Atmosphäre des Gartens ein. Der Maler Heinrich Höhl ließ sich vom Garten immer wieder für seine Werke inspirieren.

1985 starb Edith Kölsch hochbetagt. Der Garten verwilderte, obwohl Kölsch ihr direkt angrenzendes Haus samt Garten schon zu Lebzeiten gegen eine kleine Leibrente und Wohnrecht der Stadt vermacht hatte. Erst zehn Jahre später wurde der Beschluss gefasst, den Garten nach alten Gutachten und Bildern zu rekonstruieren, neu eröffnet wurde der Garten aber erst im Frühjahr 2003. Dabei wurde auch ein Rosengarten im Bereich der südlichen Wallanlagen reaktiviert, der ebenfalls von Edith Kölsch gepflegt worden war. Bänke laden zum Verweilen ein, die Wege aus Basaltpflaster und Trockenmauern aus Sandstein erinnern an die frühere Gestaltung.

Interessant sind die unterschiedlichen Lebensbereiche des Gartens, die von trockenen Flächen bis hin zu feuchten Freiflächen reichen. Der Garten wurde nach dem Prinzip der ganzjährigen Blüte gestaltet, der Höhepunkt der Blütenpracht findet von Ende Juli bis Anfang August statt. Die Pflege übernehmen seit 2003 Büdinger Bürger, die sich etwa alle zwei Wochen zum Pflegen und Nachpflanzen treffen. Eine Info-Tafel veranschaulicht die einzelnen Bereiche des Gartens.

Zwischen dem Garten Kölsch und dem Altstadtparkplatz liegt zudem noch die **Geologische Skulpturengalerie**, die von Lothar Keil vom Sandrosenmuseum (dazu später mehr) und anderen Unterstützern zusammengetragen wurde. Die 19 Exponate zeigen die Geologie der Region seit dem Devon vor rund 400 Millionen Jahren. Auch wenn sie nicht zwingend aus der Region rund um Büdingen stammen, so verweisen sie doch auf typisch hier vorkommende geologische Formationen.

Am oberen Ende des Gartens wenden wir uns nun nach links und steuern auf den **Roten Turm** zu. Es ist eines der Bollwerke der Festung von Graf Ludwig II. von Ysenburg-Büdingen, der die Bollwerke der Stadt ab Mitte der 1480er Jahre ausbaute, um seine Residenz zu stärken und die Festung auf den militärtechnischen Stand der Zeit anzupassen. Die alten Stadtmauern aus dem 14. Jahrhundert blieben erhalten, wurden aber um Zwinger und Gräben erweitert. 17 von einst 22 Bollwerken, Rondellen und Halbtürmen, die sich in die Stadtmauer integriert über eine Länge von 2.650 Metern

Blick vom Garten Kölsch zum Roten Turm bei Sonnenuntergang

Das Modell der mittelalterlichen Stadt Büdingen im Roten Turm: Gut zu erkennen sind der vollständige Wassergraben rund um das Schloss und die klare Trennung zwischen Altstadt und Neustadt durch den Küchenbach

erstrecken, blieben erhalten. Ludwig ließ auch das Rathaus, die Marienkirche und andere Gebäude errichten. Doch dann ging ihm das Geld aus, so dass er die neuen Festungswerke nicht mit Geschützen und anderen Waffen ausstatten konnte. Das war aber auch gar nicht so schlimm, wie man annehmen könnte. Büdingen verfügte zwar über die schwere Festung, war aber nicht reich, so dass es nicht viel zu holen gab. Im Roten Turm befindet sich ein Modell der mittelalterlichen Stadt. Er ist innerhalb von Stadtführungen zugänglich (www.buedingen.info).

Ein Blick auf das Modell lohnt, denn dort ist eine viel klarere Aufteilung der Stadt zu erkennen, als dies heute der Fall ist. Blicken wir zunächst weiter zurück: Die Ursprünge Büdingens sind nicht sehr bekannt, doch lag die erste Siedlung wohl weiter oben auf einem Hügel. Kelten, Alamannen und Merowinger haben hier gelebt. Etwa auf 700 datiert ist der Bau der Sankt-Remigius-Kirche in Holzbauweise, im neunten Jahrhundert wurde sie durch einen steinernen Saalbau ersetzt.

Größere Beachtung fand Büdingen unter den staufischen Herrschern. Es fiel dem Büdinger Geschlecht zu, in Vorbereitung auf den für 1180 geplanten Reichstag in Gelnhausen das Gebiet rundherum mit Burgen zu sichern. Dabei erfolgte auch ein Ausbau der Burg Büdingen. Die Dorfbevölkerung zog daraufhin in den Schutzwall der Burg und musste im Gegenzug bei der Errichtung und der Besetzung der Stadtmauer helfen. 1330 erhielt Büdingen das Marktrecht. Bis 1350 war der Umzug der Bevölkerung abgeschlossen. Mit den Freiheitsrechten im Jahre 1353 war die Auflage verbunden, eine schützende Mauer zu bauen und diese zu unterhalten. So entstand die Altstadtmauer, die bereits im Jahr 1390 durch die Neustadtmauer erweitert wurde. Beide, Alt- und Neustadt, wurden dann zwischen 1480 und 1510 mit einem weiteren mächtigen Befestigungsring umschlossen. Die Zeit danach greift das Modell auf. Wasser- und Hirschgräben schützen die zweigeteilte Stadt. Zu sehen ist neben der Altstadt das Dorf der Neustadt auf einer kleinen Insel zwischen Seemenbach und Küchenbach. Letzterer wurde später vollständig unter die Erde gelegt, so dass die vorher durch Mauern getrennte Alt- und Neustadt verbunden waren – und der Marktplatz entstehen konnte.

Im 18. Jahrhundert kam die Vorstadt hinzu, in der Glaubensflüchtlinge eine neue Bleibe fanden (dazu später mehr). Danach ergaben sich keine großen Änderungen, bis die industrielle Revolution Einzug hielt und Fabrikanten Neuansiedlungen im Bereich des alten Stadtkerns vornahmen und dort Häuser bauten.

Bleiben wir noch etwas im Mittelalter. Deswegen gehen wir nun wieder am Garten Kölsch vorbei und landen zwar auf dem Marktplatz, wollen uns diesem Ort aber noch später widmen. Stattdessen biegen wir links in die Straße Neustadt ab, bewundern Stein- und Fachwerkhäuser aus sechs Jahrhunderten und folgen ihr um einen Linksknick herum. Dort in der Kurve sehen wir den **Froschbrunnen**, der eigentlich Neustadtbrunnen heißt. Doch warum er Froschbrunnen genannt wird, wird schon beim ersten Blick klar: Insgesamt drei dieser possierlichen Amphibien sind rund um die im Sommer 2017 eingeweihte Wasserstelle verteilt. Geschaffen hat ihn

2017 eingeweiht wurde der Froschbrunnen. Die Büdinger haben einen besonderen Bezug zu den Amphibien

der Künstler Axel Gollun im Auftrag des Vereins Bürgerforum Steinernes Haus. Es ist alles andere als ein Zufall, dass sich ein Froschbrunnen in Büdingen befindet.

Exkurs: Warum die Büdinger »Frösche« genannt werden

Die Büdinger werden im Volksmund »Die Frääsch«, also »Die Frösche« genannt. Der Ursprung dieser Bezeichnung geht auf den 19. Oktober 1522 zurück. An diesem Tag heiratete Graf Anton zu Ysenburg und Büdingen Elisabeth von Wied in einem großen Festakt mit Hochzeitsfahnen und Ehrenpforten, Böllerschüssen und Freudenfeuern. Als sich das frischvermählte Paar dann zur Hochzeitsnacht zurückzog, war die Braut so vom Quaken der Tiere im Schlossteich und im damals noch vorhandenen Wassergraben rund um die Burg genervt, dass sie Anton vor die Wahl stellte: Entweder sollten die Frösche verschwinden, oder Elisabeth verlasse Büdingen. In einer Nacht-und-Nebel-Aktion mussten Büdinger Bürger deswegen alle Frösche einsammeln. Elisabeth hatte ihre Ruhe.

Die Frösche indes machten am nächsten Tag weiter Radau, denn sie waren auf den Marktplatz gebracht worden. Auf Beschluss des Stadtrats wurden sie an der Mühltorbrücke in den Seemenbach geworfen, um sie zu ertränken. Doch des Abends erhob sich wieder leichtes Gequake. Der Bürgermeister vermutete, dass dieses von den wenigen überlebenden Fröschen stammte, die in Richtung des heutigen Stadtteils Düdelsheim abgetrieben worden seien. Er jedenfalls verbuchte die Aktion als vollständigen Erfolg. Gräfin Elisabeth war von der Aktion der Büdinger Bürger so angetan, dass sie sich fortan nicht mehr beschwerte und sich in ihrer neuen Heimat einrichtete.

Der Froschbrunnen ist nicht das einzige, was an diese Geschichte erinnern soll. Denn auf so manchen Hauswänden finden sich kunstvoll bemalte Frösche, eine Froschkönigin repräsentiert die Stadt. Und im Frühjahr widmet sich die Froschparade den Büdinger Amphibien.

Nun bewegen wir uns auf das Wahrzeichen der Stadt zu: das **Jerusalemer Tor** oder auch Untertor. Direkt vor dem Tor erblicken wir auf der rechten Seite die ehemalige Poststation aus dem Jahr 1733, an der Frontfassade sind die Initialen des Fürstenhauses »YB« zu erken-

Das Jerusalemer Tor ist das Wahrzeichen der Stadt

Lothar Keil in seinem Element: Gerne gibt er sein Wissen über Sandrosen weiter

nen, was darauf hinweist, dass Fürst Friedrich-Ernst aus der Linie Ysenburg-Birstein hier in einem zeitweiligen Palais residierte. Deswegen heißt das Gebäude auch heute noch Fürstenhof, auch wenn es später unter anderem als gehobener Gasthof und ab 1851 als Postkutschenstation diente. Eine Postkutsche machte hier einmal pro Woche Station, berittene Boten aus Frankfurt kamen zwei Mal pro Woche hier vorbei.

Bevor wir das Tor durchschreiten und uns die noch imposantere Vorderseite ansehen, gibt es die Möglichkeit, den rechten der beiden Tortürme zu betreten. Dort untergebracht ist das **Sandrosenmuseum** *(Fr.–So. sowie an Feiertagen 14–17 Uhr, Eintritt 3 Euro regulär, Kinder: 1 Euro)*. Initiator Lothar Keil serviert seinen Gästen hier in historischer Umgebung eigene Funde, 80 bis 100 davon sind in den Vitrinen im Torturm untergebracht. 150 bis 200 hat Keil insgesamt.

Die Region der Wetterau umfasste früher ein weitaus größeres Gebiet und schloss Taunus, Vogelsberg, Spessart und Odenwald zum Teil mit ein. Ausgestellt sind Sandsteine, aber auch vulkanische Funde vor allem aus diesem Gebiet. Von großer Seltenheit sind Barytrosen. »Wüstenrosen gibt es in jeder Wüste, Barytrosen nicht«, verweist Keil auf die Stars seiner Sammlung. Die bekannteste Fundstelle liegt in Oklahoma mit 260 Millionen Jahre alten Exemplaren. In Deutschland wurden Barytrosen im Saarland und in Rockenberger Sandgruben in der Wetterau entdeckt. Sie sind bis zu 30 Millionen Jahre alt.

Besonders schöne Sandrosen-Exemplare sind in den Vitrinen des Torturms ausgestellt

»Viele weitere Fundorte dürften aber nie entdeckt werden«, weist Keil auf die Hindernisse seiner Arbeit hin. Die Barytkristalle entstehen nach einem Aufbruch im Erdmantel, verbunden mit dem Austritt von sehr heißem Wasser. In der Folge bilden sich Kristalle und binden ein Quarzkorn ein. »Eine Laune der Natur«, wie Keil sagt. Zwar glitzern die Sandrosen in der Sonne, aber in der Natur sieht man bei der Suche nur Dreckklumpen. Nur durch das Gewicht kann der Experte erkennen, ob sich eine Sandrose darin befindet. Erst nachdem der Dreck durch einen Wasserstrahl entfernt wurde, kann man die filigranen Formen der darin verborgenen Sandrose erkennen.

Versteinerte Hölzer mit einem Alter von bis zu 290 Millionen Jahren und verschiedenfarbige Sande machen das Museum zu einer verzauberten Welt, die einem zugleich vor Augen führt, was die heutige Wetterau auf ihrer tektonischen Reise vom Äquator bis an ihre heutige Position so alles erlebt hat und auch, warum sie heute so fruchtbar ist.

Wir durchschreiten das **Jerusalemer Tor** und gelangen in die Vorstadt. Nun lohnt sich der Blick zurück auf dieses Tor, das als einziges Stadttor erhalten blieb. Der Rest fiel im 19. Jahrhundert dem zunehmenden Verkehr zum Opfer, nur Proteste aus der Bürgerschaft führten zur Erhaltung dieses heutigen Wahrzeichens der Stadt. Das Jerusalemer Tor verbindet die notwendige Wehrhaftigkeit eines Festungsteils mit filigraner Fischblasen-Kunst im Brüstungsbereich. Die Schießscharten in den Sandsteintürmen lassen den Zweck des Tores unzweifelhaft erkennen. Die auf 1503 datierte Senkscharte über dem Torbogen zeigt das Allianzwappen des Grafen Ludwig II. von Ysenburg und seiner Gemahlin Maria von Nassau-Wiesbaden. Die steinernen Kuppelabdeckungen deuten auf für diese Zeit ungewöhnlichen Architektur-Elemente in diesen Breitengraden hin.

Um die Entstehung des Namens für das Tor ranken sich mehrere Geschichten. So heißt es laut Version eins, dass der Büdinger Graf 1487 eine Pilgerreise ins Heilige Land unternahm. Als er zurückkehrte, ließ er das Tor nach Vorbild jenes Jerusalemer Stadttores errichten, durch das er in die Heilige Stadt Einzug gehalten hatte: das Schaftor oder Herodestor. Eine große Ähnlichkeit ist allerdings nicht zu erkennen.

Eine zweite Variante ist wahrscheinlicher – zumal sich der Begriff des Jerusalemer Tors erst in der Mitte des 18. Jahrhunderts eingebürgert hatte. Hier kommt die **Vorstadt** direkt vor dem Tor ins Spiel. Nach dem Dreißigjährigen Krieg erließ Graf Ernst-Kasimir, auch gezwungen durch einen starken Bevölkerungsrückgang, im Jahr 1712 ein Toleranzedikt für Glaubensflüchtlinge, vor allem aus Frankreich. Dieses Edikt ging sogar so weit, dass die Flüchtlinge auch »an nichts« glauben durften, was schließlich dazu führte, dass sich der Graf vor dem Landesfürsten verteidigen musste. Die Flüchtlinge durften zwar keine Kirchen bauen, aber ihre Religion ausleben. Handwerker durften hier sogar steuerfrei leben. Die Neu-Büdinger verbanden ihre Freiheit mit dem Anblick des Jerusalemer Tors und bezeichneten es als Abbild »vom himmlischen Jerusalem auf Erden«.

Die barocke Vorstadt zeichnet sich durch ihre gleichmäßigen Bauten entlang der Straße aus. Tatsächlich wurden die zweigeschos-

Das Paradies auf Erden für Glaubensflüchtlinge: die Vorstadt

sigen Fachwerkbauten, die meisten mit Zwerchgiebeln sowie hinten liegenden Wirtschaftshöfen und Nebengebäuden, anhand eines Musterhauses errichtet. Eine Ausnahme bildet das 1755 errichtete dritte Gasthaus der Stadt »Zum Stern« direkt rechterhand auf dem Platz der alten Gerichtslinde.

Außerhalb der Stadtmauer geht es nun ein kurzes Stück bergan durch den Hirschgraben zum **Großen Bollwerk** und dem Hexenturm (Zugang im Rahmen von Stadtführungen möglich). Die nordwestliche Ecke der Stadt galt als militärisch besonders angreifbar, so dass hier 1490/1491 ein etwa 20 Meter hoher Artillerieturm mit vier Meter dicken Mauern und 20 Geschützkammern auf vier Stockwerken errichtet wurde. Es ist eines der größten Bollwerke Europas. Eine Streichwehr führt zum **Hexenturm**, der ein Eckturm der vorherigen Stadtmauer war und zum Gefängnisturm umgebaut wurde. Durch das »Angstloch« wurden Gefangene in ein Verlies hinabgelassen.

Hexen wurden hier allerdings nie eingesperrt, auch wenn Büdingen eine umfangreiche Geschichte an Hexenprozessen aufzuweisen hat. Die als Hexen denunzierten Frauen wurden im Rathaus einge-

»Gott Gnad Der Sele« von Graf Ludwig II.

kerkert und dort auch peinlich verhört, nicht im Folterturm im nordöstlichen Stadtmauerbereich, wie man meinen könnte. Über 400 Hexenprozesse sind in Büdingen gesichert, die letzte Hexenverbrennung fand 1699 statt, als in anderen Regionen schon lange die Aufklärung eingesetzt hatte.

Wir folgen der Straße Am Gebück entlang des Hirschgrabens und stoßen auf den **Ludwigsturm** in der nordöstlichen Ecke der Stadtbefestigung. Bemerkenswert ist eine Inschrift: »Gott Gnad Der Sele« ist dort über einer Schießscharte angebracht. An dieser Stelle soll Graf Ludwig II. im Jahre 1511 von einem Gerüst erschlagen worden sein, als er im Alter von 89 Jahren die Baustelle des Turmes besichtigen wollte.

Wir kehren in die Stadt zurück durch die Überreste des **Obertors**. Wesentliche Elemente wurden im 19. Jahrhundert geschleift, als der Verkehr in und aus der Stadt zunahm. Erhalten geblieben sind ein Turm zur Stadtseite hin sowie ein Stück Restmauer mit einer Arrestzelle, dem sogenannten Betzenloch. Auch ein vermauerter Rest des Außenbogens ist zu erkennen, darauf zu sehen sind Schussspuren, die von Belagerungen aus dem Jahr 1634 stammen. Wer möchte, kann hier den gleich links abzweigenden Fußweg zur Küchenbachbastei nehmen und nach gut 100 Metern einen unverbauten Blick auf das Schloss Büdingen werfen. Ansonsten führt der Weg in den **Oberhof**, der sich nun zur linken Seite anschließt.

Erbaut wurde der Oberhof zwischen 1569 und 1574 im Auftrag von Graf Georg zu Ysenburg als Wittum für seine Ehefrau Barbara von Wertheim. Der Bau muss den Grafen aber überzeugt haben, denn schließlich zog er selbst mit hier ein – weitere Generationen sollten es ihm gleichtun. Entstanden ist eine vom Schloss separate Hofhaltung mit eigenen Wirtschaftsgebäuden und Pferdestall.

Sitz einiger Büdinger Fürsten: der Oberhof

Das zentrale Wohngebäude verfügt über einen Treppenturm und ein Säulenportal mit Wappengiebel an der Frontfassade. Ein Erker, der sich an der Ostseite über die Geschosse zieht, weist reichhaltigen Skulpturenschmuck nach antiken Vorbildern auf, sogenannte »Schreckköpfe«. Auf der Südseite befindet sich ein weiterer Erker, an Fenstergewänden sind Steinmetzzeichen zu erkennen. Noch fragmentarisch vorhanden sind Reste der Außenmalerei auf der Südseite, die eine Arche Noah abgebildet haben.

1959 übernahm die Stadt Büdingen den Oberhof für ei-

Sogenannte Schreckköpfe prangen auf dem Erker an der Ostfassade des Oberhofs

nen Kaufpreis von einer Deutschen Mark. Das Fürstenhaus befand sich in finanziellen Schwierigkeiten, was man dem Zustand des denkmalgeschützten Ensembles auch ansehen konnte. Die Sanierung erwies sich – wie so oft – als komplex, denn das Gebäude stand auf Pfählen und Stämmen, um vor Hochwasser geschützt zu sein. Die Kosten der Sanierung beliefen sich auf rund elf Millionen Mark. Auch die Stadt benötigte lange, bis sie die Sanierung 1987 endlich in Angriff nehmen konnte. Dann aber war es Startprojekt für die Altstadtsanierung, die 30 Jahre in Anspruch nahm und nun direkt wieder von vorne beginnen könnte.

Heute befindet sich im Oberhof ein kleines **Kulturzentrum**. Die Musik- und Kunstschule sind hier untergebracht, im Außenbereich finden im Sommer Konzerte und Theater statt. Private Feiern können ebenfalls hier abgehalten werden, nicht zuletzt befinden sich hier auch Sozialwohnungen. Eine Heimat gefunden hat im Oberhof auch das **Modellbaumuseum Büdingen** *(1. + 3. So. im Monat, 14–17 Uhr, Eintritt frei, www.modellbauclub-buedingen.de)*. Heute zu besichtigen sind rund 150 Objekte, darunter der Leucht-

Ein Ort zum Wohlfühlen: der Marktplatz mit Brunnen

turm Roter Sand, eine historische Schiffsflotte mit neun Modellen, eine Eisenbahn-Anlage mit Freizeitpark, eine Bohrinsel im Maßstab 1:50, Dioramen, Schiffe, Autos und mehr.

Über den Hof geht es wieder hinaus auf die Erbsengasse und dann nach links in die Kronengasse. Hier (Hausnummer 14) befindet sich das Büdinger **Urhaus**, mit Baudatum 1476 eines der ältesten Fachwerkhäuser Hessens. Wir gelangen nun auf den **Marktplatz**, der entstehen konnte, als Alt- und Neustadt durch den Abriss der sie bislang trennenden Stadtmauer und die Verlegung des Küchenbachs unter die Erde zusammenwuchsen.

Das Geisse-Milchen, im Hintergrund das 50er-Jahre-Museum

Hinter dem **Marktbrunnen** mit Löwe und Wappen aus dem frühen 18. Jahrhundert – direkt daneben befindet sich auch die städtische **Touristen-Information** – stoßen wir auf eine besondere Büdinger Persönlichkeit. Bei dem **»Geisse-Milchen«** handelt es sich um die Figur einer Frau, die bekleidet mit Latzhose und begleitet von einer Ziege auf Tour ist. Es handelt sich um Emilie Knaf, die von 1909 bis 1978 in Büdingen lebte und tatsächlich so durch die Straßen lief. Sie lebte mit und für ihre Ziegen. Die landwirtschaftliche Hilfe Knaf befand sich vielleicht etwas abseits der bürgerlichen Normalität. Doch war sie eine Frau mit vielen Interessen wie der Malerei. Und sie war eine beliebte Gesprächspartnerin, wenn sie durch die Büdinger Straßen zog. Diesem Unikat widmeten die Stifter Regina und Erhard Peil das Denkmal, das 2020 aufgestellt wurde.

Ein weiteres Unikat befindet sich im großen Steinhaus spätgotischer Bauart, das mit dem Steinernen Haus zu den ältesten Komplett-Steinbauten in Büdingen gehört. Die frühere Herberge »Zum Schwan« aus dem Jahr 1490 ist an sich schon ein Hingucker, doch was sich darin befindet, hat eine Magnetwirkung auf die gesamte Republik und darüber hinaus – zumal man so etwas in einer Stadt mit klarer Fokussierung auf das Mittelalter nicht erwarten dürfte.

Es fing an mit einer Blechspiel-Eisenbahn. Die passionierten Flohmarktgänger Else und Walter Arbeiter entdeckten diese auf einem Markt. Es war genau die gleiche, mit der Walter Arbeiter als Kind zu Beginn der 1950er Jahre gespielt hatte. Es ist das erste Stück einer Sammlung, die sich dem Wirtschaftswunder-Jahrzehnt widmet. Das **50er-Jahre-Museum**, das die Sammlung heute beherbergt, teleportiert die Besucher mit sofortiger Wirkung in diese noch jüngere Vergangenheit *(Di.–Sa. 12–17 Uhr, So. 12–17 Uhr, Eintritt 4 Euro, ermäßigt 2 Euro, www.50er-jahre-museum.de).* Geschätzt sind es über 200.000 Exponate, die auf 1.500 Quadratmetern archiviert oder ausgestellt werden. Damit ist das Museum das größte 50er-Jahre-Fachmuseum in Deutschland.

Auf diesem Roller ist Conny Froboess gefahren

Das Museum wurde 1999 gegründet und empfängt die Besucher gleich mit einem Höhepunkt: dem Original-Roller von Conny Froboess. Nicht das einzige Original. Denn nach jedem 50. neuen Mitglied bemüht sich der Betreiber-Verein um die Ehrenmitgliedschaft eines Stars der 50er Jahre. Neben Conny Froboess gehören Bill Ramsey und Hazy Osterwald zu diesem elitären Kreis. Sie waren teilweise mehrfach im Museum zu Gast. Froboess hat dem Museum auch ihr Teenager-Zimmer vermacht, nach dem Tode von Bill Ramsey verfügte dessen Witwe, dem Museum weitere bedeutende Stücke zu übergeben.

Else Arbeiter verstarb 2018, Walter Arbeiter übergab sein Amt als Erster Vorsitzender des Vereins in jüngere Hände um den neuen Vorsitzenden Bernd Petri. Und der hatte gleich viel zu tun, denn ein Hochwasser im Februar 2021 hat vieles zerstört, darunter den gesamten Neubautrakt und einige unwiederbringliche Exponate. Umso erfreuter sind die Vorstandsmitglieder, dass sie sich auf neue Ausstellungsstücke vorbereiten dürfen.

Doch das, was jetzt schon – oder noch – zu sehen ist, lässt zumindest Besucher älteren Semesters die Herzen höher schlagen – und den jüngeren ein größeres Verständnis über diese Zeit zukommen.

Nahezu unerschwinglicher Luxus war eine Geschirrspülmaschine in den 50er Jahren

»Erleben – Staunen – Erinnern«, das Motto der Dauerausstellung, hält, was es verspricht. So kann eine Musikbox aus den 50er Jahren abgespielt werden, in der komplett eingerichteten Milchbar gibt es Cocktails. Zu sehen sind Stereoanlagen, die damals drei Monatsgehälter gekostet haben.

Die Besucher erhalten intime Einblicke in ein Wohn- und Schlafzimmer vergangener Zeiten, ein Esszimmer und eine Küche mit damals nahezu unerschwinglichen Geschirrspülern vermitteln klare Eindrücke vom Leben in diesem Jahrzehnt. »Wir wollen mit der Ausstellung das Wirtschaftswunder-Jahrzehnt lebendig erhalten. Denn das, was wir bis heute wurden, stammt aus diesem Jahrzehnt«, ist Elvira Petri vom Vorstand überzeugt.

Schlendern durch einen Friseurladen, Einkaufen bei Tante Emma, eine Einkaufszeile besuchen oder zum Friseur gehen. All das ist in dem Museum möglich. Hinzu kommen Sonderausstellungen, die sich etwa den Themen »Weihnachten«, »Urlaub« oder »Spielzeug« widmen. Veranstaltungen und Filmabende stehen regelmäßig auf dem Kalender.

Da werden bei manch einem Erinnerungen wach: Ein »Supermarkt« der 50er Jahre

Kein Wunder, dass Vereine, Schulklassen und sogar Universitäts-Gruppen zu den wiederkehrenden Besuchergruppen gehören. Denn bei allem Erfolg und Glück des Nachkriegsjahrzehnts beleuchten die Betreiber auch Themen, die heutzutage völlig aus der Zeit gefallen sind. So kann man dort zum Beispiel im »Handbuch der guten Ehe« blättern – samt Rollenbild der Frau, das heutzutage wie aus der Steinzeit wirkt.

Im Alten Rathaus ist heute das Heuson-Museum untergebracht

Wer nun Lust hat, in frühere Epochen und wieder mehr in die Stadtgeschichte Büdingens einzutauchen, ist nur wenige Meter weiter durch die Altstadt und die gleichnamige Straße im **Alten Rathaus** an der richtigen Adresse. Es zählt zu den ältesten (1458, Treppengiebel und Treppenturm um 1500) und sicherlich schönsten in Hessen. Der hochragende Stufengiebel lässt es zum dominanten Gebäude der Straße Altstadt werden, auf der Rückseite zu finden ist ein Fachwerkaufbau. Das Erdgeschoss diente einst als Kaufhalle und weist auch heute noch diese innenarchitektonische Form auf. Bis in die 1970er Jahre wurde das Erdgeschoss zudem als Schafstall benutzt. Auf der Frontfassade zu sehen ist ein Wappen des Stadtherrn Diether von Ysenburg, der 1442 zum Reichsgrafen ernannt wurde und die Vollendung des Baus in Auftrag gegeben hatte. Im ersten Stock befand sich der Ratssaal.

Heute befindet sich in dem Haus das **Heuson-Museum**, eines der drei großen Museen zur Wetterauer Geschichte *(Di. + Do. 10–12 Uhr, Di.–Fr. 14–17 Uhr, Sa. + So. 14–18 Uhr, Eintritt frei, heuson.museum.de).* Benannt wurde es nach Karl Heuson (1868–1953). Er war um die Jahrhundertwende ein Pionier, wenn es darum ging, die Geschichte der Region aus Archiven zusammenzutragen und sie durch seine Heimatblätter einer breiteren Öffentlichkeit vorzustellen. Von 1936 bis 1949 war er Erster Vorsitzender des 1906 gegründeten Büdinger Geschichtsvereins und nahm zudem an einigen Ausgrabungen teil.

Nach dem Umbau des Alten Rathauses von 1969 bis 1971 konnte das Museum, das vorher an anderen Stellen der Stadt zu finden war, das Haus komplett übernehmen. Auf drei Etagen sind über 700 Exponate zu finden, die die Geschichte Büdingens und seiner Umgebung von der Steinzeit bis in die Neuzeit abbilden. Zu jeder Epoche gibt es zahlreiche Originalfunde, die ausgestellt werden. Einen Schwerpunkt bildet dabei das Mittelalter. 12.000 bis 15.000 Besucher jährlich unterstreichen die Bedeutung des Museums.

Im Erdgeschoss des Museums werden neben den Sonderausstellungen in sieben Vitrinen Objekte aus der Region gezeigt. Auf zehn Info-Tafeln erhält der Besucher Hintergrundinformationen zu dem jeweiligen Themenbereich. Hier wird die Geschichte der Stadt und des ehemaligen Kreises Büdingen mit Fotografien, Modellen, Karten, Texten und Exponaten dargestellt. Läutbare Glocken und andere Großexponate wie die 250 Jahre alte Turmuhr aus Aulendiebach, der Tresor mit historischen Münzen aus dem 19. Jahrhundert sowie Sonderausstellungen beleben den hohen Saal mit seinem wuchtigen Deckengebälk.

Durch gotische Innenportale und eine Wendeltreppe erreicht man das erste Obergeschoss. Hier zu sehen sind Funde vor- und frühgeschichtlicher Keramik und Gegenstände der Stein-, Bronze- und Eisenzeit, größtenteils aus Grabungen im Büdinger Land. Ebenso werden Fundstücke aus der ältereisenzeitlichen Nekropole von Borsdorf, von den bis ins Spätneolithikum zurückreichenden Wehranlagen des Glaubergs und aus dem nahen Römerkastell Al-

Die Thora der früheren jüdischen Gemeinde Büdingens ist im Heuson-Museum zu sehen

tenstadt gezeigt, ebenso Exponate zur jüdischen Geschichte. Zu den Höhepunkten der Ausstellungsstücke gehören Beigaben eines fränkischen Frauengrabs im Stadtteil Düdelsheim, die 1988 bei Baggerarbeiten entdeckt, aber bis 2003 nicht beim Land gemeldet wurden. Die Stücke datieren auf das siebte Jahrhundert. Auch Särge aus der früheren Herrgottskapelle und Fundstücke aus anderen Kirchen sind zu sehen. Es geht ferner um die Themen Alltag und Beruf, die Hexenverfolgung, Auswanderung, das Fürstenhaus der Ysenburger sowie Kindheit und Spielzeug.

Im zweiten Obergeschoss befinden sich die neuen Dauerausstellungen »Kindheit« und »Handwerk und Landwirtschaft«. 2019 wurden das Erdgeschoss und das erste Obergeschoss komplett neu konzipiert, um dem Museum ein modernes Gesicht zu verleihen. Dazu wurde auch eine umfangreiche Datenbank angelegt, die virtuelle Rundgänge möglich macht und einen Blick auch auf jene Ausstellungsstücke ermöglicht, die in den Archiven lagern. In diesem zweiten Geschoss befinden sich auch die Arbeitsräume der wissenschaftlichen Mitarbeiterin und eine Präsenzbibliothek mit über 2.000 Bänden.

Diese Fachwerkkonstruktion wird als »Wilder Mann« bezeichnet

Nachdem wir das Museum verlassen haben, gehen wir durch die angrenzende Müllergasse und können noch einen Blick auf den Fachwerkaufbau sowie den Treppenturm des Rathauses werfen. Am Ende der Gasse erwartet uns die Marienkirche, die wie so vieles in Büdingen eine wechselvolle Geschichte aufzuweisen hat.

Davor befindet sich das **Pfarrhaus** mit Standesamt. Bemerkenswert ist dabei die Fachwerkkonstruktion nach dem Prinzip des »Wilden Mannes«. Im Übergang vom mittelalterlichen zum neuzeitlichen Fachwerk Ende des 15. Jahrhunderts wurden diese Strebenkreuze eingeführt, die abstrakt an eine männliche Figur erinnern.

Die **Marienkirche** selbst wurde zunächst in Nord-Süd-Richtung erbaut, im Laufe der Zeit durch Um- und Anbauten aber in die übliche Ost-West-Richtung, also in Richtung Jerusalem gedreht. Die dokumentierten Anfänge gehen auf das Jahr 1367 zurück, als innerhalb der Stadtmauern erstmals eine Holzkirche erwähnt wird, die Stadtherr Heinrich von Ysenburg wieder herstellen ließ. Zehn Jahre später entstand an gleicher Stelle eine steinerne Basilika mit Nordturm. Wegen der engen Bebauung der Altstadt war dies die einzige Möglichkeit, das Gotteshaus an dieser Stelle unterzubringen. Erbauen ließen das Gebäude Johann von Ysenburg und seine Gattin Sophie von Wertheim.

Als das Geschlecht der Ysenburger 1422 in den Stand der Reichsgrafen erhoben wurde, wuchs auch die Bedeutung der Stadt. Ein

Die Marienkirche hat zahlreiche Umbauten und sogar eine komplette Neuausrichtung hinter sich

grundlegender Umbau der Kirche hin zur jetzigen Ausprägung erfolgte allerdings erst 1476 durch Graf Ludwig II. Der Chor dreht sich in Ost-West-Richtung und erhielt ein reichhaltiges Netzgewölbe. Teile des Vorgängerbaus blieben erhalten, was die merkwürdig

Das Netzgewölbe der Marienkirche

verwinkelte Kubatur des Hauses erklärt. So blieb der Chorabschluss der älteren Kirche als Seitenkapelle erhalten.

Ludwig II. hatte wohl nicht die Mittel, um den Umbau aus der eigenen Kasse zu bezahlen. Doch er hatte einen mächtigen Bruder. Dieder von Ysenburg war Erzbischof in Mainz, eines der mächtigsten kirchlichen Ämter im Heiligen Römischen Reich Deutscher Nation. Dieder musste in der Mainzer Stiftsfehde von 1461/1462 abdanken, kam jedoch im Jahre 1475 erneut auf den Stuhl des Erzbischofs. Die Treue seines Bruders vergalt Dieder mit finanzieller Unterstützung, so auch für den Umbau der Kirche.

1491 erfolgte dann die Ablösung der früheren Stadtkirche St. Remigius, die weit außerhalb der Stadtmauern lag. Das Taufsakrament wurde in die Marienkirche übertragen, die nun als Residenzkirche das Prestige des Grafenhauses mehren sollte. Davon zeugen die Wappenreihen in Chor und Schiff, die Ahnenfolge von Ludwig II. und seiner Gattin Maria Gräfin von Nassau darstellen. Sie befinden sich zwischen muszierenden Engeln, Maria mit dem Kind und Propheten. Geplant war wohl die Erhebung zu einer Stiftskirche, doch kam es dazu nie.

1543 hielt die Reformation offiziell in Büdingen Einzug. Unter Graf Wolfgang Ernst I. wurde im Jahr 1601 der Calvinismus eingeführt. Von der reichen spätgotischen Ausstattung der Kirche mit fünf Altären, dem Sakramentshaus, einem »Heiligen Grab« und einer bereits im Jahr 1499 erwähnten Orgel blieb nichts erhalten. Seit 1871 dient die Marienkirche den beiden unierten Konfessionen als evangelisches Gotteshaus.

Mit der Restaurierung von 1956 wurden das große Fresko über dem Triumphbogen (Darstellung des Jüngsten Gerichts), die Bauinschriften und die Wappen von Ysenburg und Nassau freigelegt. Im Chor, der vom 16. bis Ende des 18. Jahrhunderts als Grablege der Ysenburger Grafen diente, erhebt sich das prächtige Renaissance-Epitaph für Anton Graf zu Ysenburg und seine Gemahlin Elisabeth Gräfin zu Wied, geschaffen 1563. Weitere Grabplatten aus dem Fußboden fanden an der Nordwand Aufstellung. Andere Ausstattungsgegenstände stammen aus späterer Zeit. Etwa das spätgoti-

Das Schloss Büdingen, Heimat des Ysenburger Geschlechts

sche Kruzifix auf dem Altar, eine Stiftung des Fürstenhauses, die barocke Sandsteinkanzel und der ursprünglich gotische Taufstein.

Wir passieren die Kirche der Länge nach und stoßen nun auf das Zentrum der Macht, das **Schloss** des Ysenburger Geschlechts *(Sa. + So. 14–17 Uhr, Eintritt (mit Führung): 7 Euro, ermäßigt 6,50 Euro, Kinder 5,50 Euro, Vorburg zugänglich bei freiem Eintritt Mo.–Fr. 8.30–16.30 Uhr, www.schloss-buedingen.de, Tel. 06042-96470).* Wobei man eher von Burg sprechen müsste, denn in den Zeiten von Friedrich Barbarossa wurde das Hauptgebäude als Wasserburg mit 13 Seiten errichtet. Der untere Teil entstammt noch der staufischen Zeit, doch kaum ein Burgherr ließ es sich nehmen, Umbauten vorzunehmen, so dass heute auch viele Elemente aus Renaissance und Barock zu finden sind.

Auch heute noch wohnt die Fürstenfamilie im Schloss, trotzdem darf die Anlage besichtigt werden. Allerdings dürfen die offiziellen städtischen Führer derzeit nicht die weitläufigen Parkanlagen und das

Schloss zeigen. Grund sind Differenzen zwischen dem Fürstenhaus und der Stadt. Dies nach 750 Jahren meist guter Beziehungen zwischen Bürgern und Adel. Dabei mag es auch um Geld gehen, denn das Fürstenhaus muss sich schon seit längerer Zeit von früheren Besitztümern wie dem Büdinger Wald und der Wächtersbacher Brauerei trennen. Während die Beziehungen zwischen Fürst Wolfgang Ernst zu Ysenburg und Büdingen zur Stadt dennoch als gut bezeichnet werden durften, hat sich das Verhältnis zwischen dessen Sohn Prinz Ferdinand Maximilian und dem Bürgertum deutlich abgekühlt.

Mit der Einrichtung des Schlossmuseums ist seit 1951 ein Teil der Anlage der Öffentlichkeit zugänglich und kann bei Führungen besichtigt werden. Der Rundgang beginnt im romanischen Palas mit Malereien an Decken und Wänden aus dem 16. Jahrhundert. Im Eingangsraum stehen Bilder von Herkules im Kampf gegen die Hydra sowie von Samson. Im Gemalten Zimmer verbindet sich der Wappenfries aus dem 14. Jahrhundert mit dem Renaissanceschmuck des Gewölbes. Im Raum der ehemaligen Hofapotheke ist eine inszenierte Alchemistenküche zu sehen. Der große Festsaal, der wegen seiner Form auch »Krummer Saal« genannt wird, nimmt heute mit seinen hohen Bücherwänden einen Großteil der Bestände der Schlossbibliothek auf.

Zum jüngeren Teil des Schlosses gehören die Räume des gotischen Saalbaus, die einen Eindruck adliger Wohnkultur vermitteln. In der Graf-Diether-Stube fällt der Blick auf ein großformatiges Wandbild von 1553. Dargestellt ist eine winterliche Sauhatz vor der Kulisse eines verschneiten Dorfes. Die Jagdtradition der Ysenburger wird auch in der anschließenden Hofstube durch Jagdszenen auf Wandbehängen deutlich. Zu den Glanzstücken der Schlosskapelle zählt das Chorgestühl aus Eichenholz, das zwei Wormser Bildschnitzer ab 1497 in zweijähriger Arbeit schufen. In seinem Schnitzwerk begegnet man der frommen und zugleich bizarren Bilderwelt des Spätmittelalters. Im Wachtbausaal, der 1533 über einem älteren Torbau entstand, sind Jagdtrophäen aus aller Welt ausgestellt.

Heute beherbergt das Schloss auch ein Hotel, ein Café und einen Shop. Alljährlich Anfang September verwandeln sich einzelne

Gebäude und Stallungen sowie der großzügige Schlosspark für ein Wochenende in eine Flaniermeile. Bei der »Landpartie Schloss Büdingen« sind rund 150 Aussteller aus dem In- und Ausland zugegen und verwandeln das Areal in einen Luxus-Markt (www.landpartie-schloss-buedingen.de).

Das Burgmannen-Haus Luckischer Hof

Wir folgen dem weiteren Verlauf der Schlossgasse vorbei an **Burgmannen-Häusern**, deren Bewohner als Vasallen des Fürstenhauses dienten. Zu sehen sind älteste Zeugnisse des Bauwesens, die in ihrer Geschlossenheit die geschichtliche Bandbreite der Stadt Büdingen eindrucksvoll untermauern, so wie etwa der **Luckische Hof** aus dem Jahr 1517. Viele der Burgmannen stammten ursprünglich aus dem fränkischen Uradel und waren oft noch mit den kaiserlichen Lehnsherren, den Herren von Büdingen, die man heute als Dynasten bezeichnet, verwandt und verschwägert. Die Häuser selbst verfügten schon über Wehrmauern, so dass sie noch vor der Burg selbst erste Verteidigungslinien bildeten. Die Wohnanlagen der Burgmannen werden später auch als »Büdinger Freyhäuser« bezeichnet, da die Bewohner gewisse Rechte hatten, die den normalen Bürgern verwehrt blieben.

Am Ende der Schlossgasse befindet sich das **Steinerne Haus**. Dabei handelt es sich nicht um ein Burgmannen-Haus, sondern um die Stadtresidenz des Grafen Johann zu Isenburg, errichtet von dessen Vater Graf Ludwig II. Trotzdem hatte das um 1500 errichtete Stein-

Der älteste Wohnbau komplett aus Stein in Büdingen: das Steinerne Haus

gebäude, das damit der älteste Wohnbau komplett aus Stein ist, auch eine andere Aufgabe. Denn mit seiner burgartigen Mauer sollte es zugleich den wichtigen Brückenkopf am Mühltor absichern. Neben dem Oberhof handelt es sich somit um das zweite feudale Gebäude in der Stadt. Markant ist der zierliche Erker über zwei Geschosse, der in Richtung Altstadt angebaut wurde. Wurde es zuvor noch als Sitz des Staatlichen Hochbauamtes benutzt, zogen die letzten Bewohner des Hauses in den 1970er Jahren aus. Heute gilt es als unbewohnbar. Im Januar 2006 gründete eine Gruppe Büdinger Bürger den Verein »Bürgerforum Steinernes Haus«. Das Konzept der Initiative verfolgt das Ziel, das mittelalterliche Ensemble des Steinernen Hauses zu erhalten und seine Sanierung zu fördern.

Wir folgen der Straße Altstadt weiter stadtauswärts und gelangen auf den Platz am Mühltor. Dort empfängt uns das **Schlaghaus**, ein Anfang des 14. Jahrhunderts errichteter spätmittelalterlicher Torbau. Im Jahr 2005/2006 wurde es saniert, was den Beginn eines weiteren Museums markiert. Denn es ist heute eines der drei Gebäude des **Büdinger Metzgermuseums** *(1. und 3. So. im Monat,*

14–17 Uhr, Eintritt frei, Ladengeschäft geöffnet Sa. + So. 13–17 Uhr, Führungen möglich, www.metzgermuseum.de).

Im Jahr 1777 haben die Büdinger Metzger schon einmal das Schlaghaus erhalten, weil sich neue Bewohner der Neustadt über den Gestank der Schlachtereien am zentral gelegenen Küchenbach beschwert hatten. So durften die Metzger bis 1896 hier Rinder schlachten. 2006 schließlich zog das Metzgermuseum hier ein. 2010 wurde der Verein Büdinger Metzgermuseum im Schlaghaus gegründet. Bereits 2012 erweiterte das Museum seine Räumlichkeiten mit der Eröffnung der Historischen Wurstküche im benachbarten Melior'schen Haus. 2020 kam der Historische Metzgerladen in einem neu errichteten Gebäude nebenan hinzu.

Im Schlaghaus hat der Verein um den Vorsitzenden Fritz Albert historische Geräte untergebracht: Wiegemesser, ein 200 Jahre alter Fleischwolf und eine historische Wurst-Füllmaschine gehören zu den Exponaten. Aber auch jüdische Schächtmesser, da die Büdinger Metzger immer ein gutes Verhältnis zur jüdischen Gemeinde hatten.

»Es ist ein Museum, das lebt«, sagt der Vorsitzende Albert. Dies wird vor allem in der Historischen Wurstküche deutlich, die mit

Dieser Fleischwolf hat schon lange ausgedient und bildet heute eines der Exponate im Metzgermuseum

Einkaufen ist im historischen Wurstladen wochenends möglich

Kutter, Fleischwolf und einer Knochensäge aufwartet. Der Verein hat die Stücke aus dem Jahr 1911 im Berner Oberland gefunden und für das Museum angekauft. Gruppen und Geburtstagsrunden (auch Kinder sind willkommen) können hier unter Anleitung eigene Bratwürste herstellen und mitnehmen. Das Fleisch wird fachmännisch in Dosen konserviert, für Kinder gibt es Sparbüchsen aus den gleichen Dosen.

Der Laden selbst ist nicht nur von Büdingern ein gerne aufgesuchtes neues Angebot. Hinter der historischen Majolika-Theke von Villeroy und Boch aus dem Jahr 1898 bedienen Vereinsmitglieder ihre Kunden. Wurst und Fleisch stammen aus dem Schlachthaus Büdingen.

Damit endet die Tour durch Büdingen. Wer nun noch einkehren möchte, hat dazu zahlreiche Gelegenheiten. Das **Steinhaus 1718** bietet gehobene regionale Küche im historischen Ambiente eines historischen Hauses mit Biergarten *(Schlossgasse 14,* *www.steinhaus1718.de, Tel. 06042-970510).* Alteingesessen ist auch das **Haus Bleffe** *(Altstadt 21, www.bleffe.net, Tel. 06042-2508).* Gab es hier früher fast ausschließlich lokale und regionale Spezialitäten wie den Bellschuh (Hackbraten), wurde die Karte von den neuen Besitzern um griechische und andere internationale Speisen erweitert. Ein schönes Ambiente findet man auch auf der kleineren Seite des Marktplatzes bei **Frisco & Tonio**, die sich der spanischen Küche und vor allem Tapas verschrieben haben *(Auf dem Damm 2, Tel. 06042-957799).* Von der Terrasse einen schönen Blick auf das Jerusalemer Tor bietet Al Giardino **(Zum Stern)** mit einfachen, aber auch gehobenen Gerichten meist italienischer Prägung *(Vorstadt 3, www.algiardinobuedingen.de, Tel. 06042-9751212).*

Veranstaltungen

Gärtnermarkt, Kinderfest und Froschparade, im April: Umzug in Erinnerung an die berühmten Büdinger Frösche (siehe Haupttext)

Mittelalterfest, im Juli: Marktstände, Handwerk, Festumzug, Schaukämpfe, Tänze und vieles mehr

Büdinger Kulturnacht, alle zwei Jahre (gerade Jahreszahlen) im Juli: Büdingen verwandelt sich in eine zauberhaft illuminierte Kulisse und bietet eine große Bühne für jegliche Art von Kunst

Gallusmarkt: Großes Stadtfest im September mit Verkaufsbuden, Fahrgeschäften, Musik und weiteren Attraktionen

Landpartie im Büdinger Schloss, September: Internationale Aussteller verkaufen Waren aus dem Luxussegment, aber auch Handwerkliches, dazu ausgefallene Speisen

Büdinger Weihnachtszauber, Anfang Dezember: Weihnachtsmarkt im historischen Ambiente

Weitere Informationen unter **www.stadt-buedingen.de**

Seitensprung – Glauburg

Auf den Spuren der Kelten
Architektonisches Highlight und mystisches Felsplateau

Über ein Museum von internationalem Rang verfügt die Wetterau seit 2011. Die **Keltenwelt am Glauberg** hat aber eine lange Vorgeschichte, die nach vielen Diskussionen mit der Entscheidung, das Museum auch am Ort eines bedeutenden Fundes, zu errichten, geendet hatte *(Am Glauberg 1, Di.–So. 10–18 Uhr, regulär 7 Euro, ermäßigt 5 Euro, Kinder 3 Euro, www.keltenwelt-glauberg.de, Tel. 06041-823300)*. Das Museum befindet sich auf dem Glauberg außerhalb des Glauburger Ortsteiles Glauberg.

Parkplätze für Autos vorhanden. Anreise per ÖPNV: Bahnhof Glauberg-Glauburg. Von dort aus 1,4 Kilometer teils bergan
Gesamtstrecke vom Parkplatz des Museums: etwa 3,5 Kilometer, teils bergan

Bereits vor dem Museum grüßt der Star der Ausstellung als mehrfach angefertigte Kopie

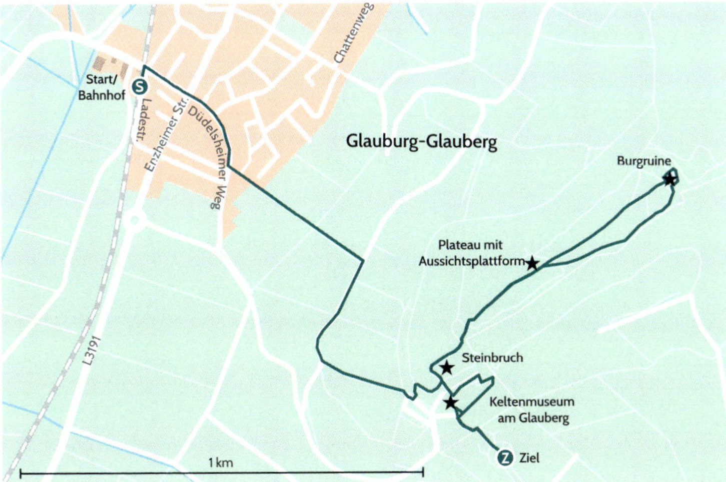

Der **Glauberg** hat seit vielen Jahrtausenden eine große Anziehungskraft auf die Menschen ausgeübt. Spätestens ab der Jungsteinzeit ließen sich im fünften Jahrtausend v. Chr. auf dem acht Hektar großen Plateau am Rande der fruchtbaren Wetterau die ersten Ackerbauern und Viehzüchter nieder. Bereits im vierten Jahrtausend v. Chr. war der Glauberg großflächig und intensiv besiedelt. Später wurde er befestigt, erst abschnittsweise, später komplett. Die Blütezeit erlebte er in der Zeit der Kelten vor rund 2.400 Jahren. Wälle und Gräben sicherten das Areal. 1996 sorgte ein aufsehenerregender Fund für lange andauernde Diskussionen. Bei Ausgrabungen stieß man auf zwei Grabhügel, der Tote aus Grab eins fiel durch seine einzigartige Ausstattung auf. In einem komplexen Grabensystem rund um das Grabfeld wurde eine nahezu komplette vollplastische Sandsteinstatue eines keltischen Kriegers mit einer sogenannten Blattkrone – die durchaus an Mickey Mouse erinnert – gefunden. Nur die beiden Füße fehlten. Weltweit existiert kein vergleichbarer Fund. Auch in den weiteren Gräbern fand man zwei unversehrte Bestattungen von keltischen Kriegern mit allen Grabbeigaben.

Es gab langanhaltende Diskussionen darüber, was nun mit dem spektakulären Fund geschehen sollte. Lange Zeit sah es so aus, als ob

Ein Blick über das Grabfeld

er dem Hessischen Landesmuseum in Darmstadt zugeschlagen werden sollte. Tatsächlich landete er auch nach aufwändiger Restaurierung dort und erhielt eine Sonderausstellung. Doch die Diskussion ebbte nicht ab. Auch Bad Nauheim bewarb sich darum, den Fürsten im Sprudelhof ausstellen zu dürfen und berief sich auf das keltische Erbe der Stadt. Letztlich aber fiel die Entscheidung, dem Fürsten und anderen Funden ein neues Museum zu spendieren, das am Fundort errichtet wurde und über ein eigenes Forschungszentrum zu den Kelten verfügt.

2008 bis 2011 wurde das für seine Architektur preisgekrönte Museum an exponierter Stelle errichtet. Wie ein freigelegtes archäologisches Fundstück ragt der monolithische Baukörper des Museums in die Landschaft. Halb im Hang verborgen richtet er sich zum keltischen Grabhügel aus und lässt diesen dabei bewusst Hauptakteur in der umgebenden Landschaft sein. Durch ein großes Panoramafenster können Besucher auf den Grabhügel blicken. Auch das Dach ist zugänglich und ermöglicht einen Rundumblick. Das Museum beinhaltet neben den einzigartigen Funden Wissenswertes zum Leben und Alltag der Kelten, zu ihren Verbindungen zu anderen Stämmen, 3D-Rekonstruktionen und zahlreiche interaktive Elemente.

Außerhalb des Museums zu besichtigen gibt es den Museumsgarten mit weiteren Informationen und Mitmachaktionen sowie einem kleinen Spielplatz. Die rekonstruierten Fürstengrabhügel mit Prozessionsstraße und ihren rätselhaften Holzpfosten laden zu einem kleinen Spaziergang ein. Ein archäologischer und naturkundlicher Lehrpfad mit rund 20 Infotafeln vertieft das Wissen rund um die Kelten und die Region. Auf dem Keltenwelt-Pfad geht es dann über 2,2 Kilometer auf naturbelassener Strecke (Achtung: teilweise steil, festes Schuhwerk wird empfohlen, mit Kinderwagen anspruchsvoll, aber möglich) vorbei an einem neuzeitlichen Steinbruch auf das Bergplateau mit den Überresten der keltischen Befestigungsanlagen und einer staufischen Reichsburg aus dem 12. und 13. Jahrhundert. Gerade hier oben kann man das Fluidum der Geschichte fast körperlich spüren. Zurück im Museum kann man sich dann noch im Bistro des Hauses stärken.

Ein mystischer Ort ist das Plateau oberhalb des Museums

Bildnachweis

- Thomas Kopp (S. 2, 12/13, 16, 19, 21, 23, 24, 25, 26, 27, 30, 32, 34, 35, 36, 38, 39, 40, 41, 42, 43, 44,46, 52/53, 56, 57, 59, 60, 61, 62, 63, 64, 65, 67, 68,71, 72, 73, 74, 75, 76, 78, 79, 81, 84, 85, 86, 87, 88, 89, 90/91, 94, 95, 97, 98, 99, 101, 102, 105, 106, 108, 109, 110, 111, 112, 113, 114, 115, 116, 118, 120, 122, 123, 125, 130, 132, 134, 136, 137 o., 138, 139, 140, 142, 143, 144 o., 149, 153, 154, 155, 156, 162/163, 167, 168, 169, 170, 171, 172 o., 179, 180, 181, 187, 188, 190, 191, 192, 193, 197, 200, 203, 204, 205, 207, 208, 209 u., 211, 212, 213, 214, 215, 217, 218, 223, 225, 226, 230, 231)
- Rainer Strack (15)
- W.F. Smolik (18)
- Cornelia Dörr, Tourismusregion Wetterau (29, 47, 48, 49, 50, 51, 69 u., 117, 137 u., 146, 165, 185, 189, 194/195, 221)
- Theater Alte Feuerwache Bad Nauheim (69 o.)
- Stadt Bad Nauheim (70)
- Hotel Villa Grunewald Bad Nauheim (77)
- Petra Ihm-Fahle (80)
- FNP-Archiv (104, 148, 159, 160, 161)
- Pix123.de, Tourismusregion Wetterau (103)
- Matthias Pieren (126/127)
- Cherubino, CC BY-SA 3.0 DE https://creativecommons.org/licenses/by-sa/3.0/de/deed.en, via Wikimedia Commons (131)
- Bernd Burkhard (141)
- Rüdiger Fanslau (144 u.)
- Stadtarchiv Riedstadt (151)
- Reinhard Pfnorr (172 u., 173)
- Hildegard Schiebe, schiebezimmer.de (174, 175)
- Steffen Leiß (176, 177)
- Dr. Nicole Friedersdorf/Schloss Nidda (182)
- Verena Holland (199, 219 o.)
- T. Appel (202, 224)
- Christiane Baumwarth (209 o.)

- Arnika Haury, Tourist-Info Büdingen (210, 219 u.)
- Ottmar Hörl (228)

Quellen

- www.wetterau-museum.de
- www.tourismus.wetterau.de
- »Das Judenbad in Friedberg (Hessen)«, Katja Augustin, Technische Hochschule Mittelhessen, ohne Datum
- »Burg Friedberg«, Reiner Zuch, in: »Burgen, Schlösser und Wehrbauten in Mitteleuropa, Band 28, Regensburg, 2011
- www.burg-friedberg.info
- »Burg Friedberg, Adolfsturm, Römisches Bad«, Friedberg, 2011
- www.hollar-kapellen-kultur.de
- www.ockstadt.de
- www.der-ockschter.de
- www.geschichtsverein-ockstadt.de
- www.wetterauer-zeitung.de
- www.kreis-anzeiger.de
- www.bad-nauheim.de
- www.mpg.de
- www.jugendstilforum.de
- www.hotel-villa-grunewald.de
- www.skiwiese-bad-nauheim.de
- www.geschichtsverein-bad-vilbel.de
- www.fnp.de
- www.bad-vilbel.de
- www.kultur-bad-vilbel.de
- www.lagis-hessen.de
- www.graffiti-bad-vilbel.de
- www.hessenschau.de
- www.fr.de
- denkxweb.denkmalpflege-hessen.de
- www.hessische-heilbaeder.de
- www.dottenfelderhof.de
- www.stadt-butzbach.de
- Butzbach – eine Stadt und ihre Geschichte von gestern bis heute, Dieter Wolf und Thomas Kopp, Butzbach, 2007

- www.markusgemeinde.de
- www.butzbacher-zeitung.de
- www.schwibbogenhaus.de
- www.schloss-solms.de
- www.nidda.de
- www.museum-nidda.de
- www.welt-der-wappen.de
- www.niddas-juden.de
- www.ff-nidda.de
- www.bad-salzhausen.de
- Die geschichtliche Entwicklung Salzhausens, Reinhard Pfnorr, 1998
- Lfd.hessen.de
- www.buedingen.info
- www.gartenkoelsch.de
- Klaus-Peter Decker: »Büdingen – mittelalterliche Residenz und Festungsstadt«, 2. Auflage, 2018, Regensburg
- www.brunnenturmfigur.de
- www.50er-jahre-museum.de
- www.heuson-museum.de
- www.museum.de
- kirchengemeinde-buedingen.ekhn.de
- www.museen-in-hessen.de
- www.buergerforum-steinerneshaus.de
- www.keltenwelt-glauberg.de

Dank

Ich möchte an dieser Stelle all jenen hilfreichen Menschen danken, die mir tiefere Einblicke in die Städte und deren Geschichte ermöglicht haben, als mir dies auf eigene Faust möglich gewesen wäre. So geht ein Dank an Arnika Haury und Verena Eimer, die ein umfangreiches Programm in Büdingen auf die Beine gestellt haben. Gleiches gilt für Kerstin Alt von Kur und Touristik Nidda, die mir mit Martin Röhling vom Heimatmuseum einen profunden Geschichtskenner an die Seite gestellt hat. Auch der Kulturservice der Stadt Friedberg hat mich durch Ulrich Eisenkrämer mit einem bestens informierten Stadtführer unterstützt. Ein Dank gilt aber auch den anderen Stadtverwaltungen, die mir mit Rat und Tat halfen. Da das Buch während der Corona-Pandemie entstand und andere Unbilden wie etwa das Hochwasser in Büdingen hinzukamen, war es nicht möglich, alle in diesem Buch gezeigten Fotos selbst anzufertigen. Deswegen richtet sich ein weiterer Dank an alle, die mir Fotos für dieses Buch zur Verfügung gestellt haben, für ihr besonders großes Engagement sei hier Cornelia Dörr von der Tourismus-Region Wetterau genannt.

Doch der größte Dank soll meiner Frau Mitchyko und meinen Eltern Sieglinde und Erich gelten. Denn durch ihre fortwährende Betreuung unseres vier Jahre alten Wirbelwindes in Zeiten von immer wieder einmal geschlossenen Kindergärten haben sie mir überhaupt erst die Zeit gegeben, um dieses Buch zu einem, wie ich hoffe, Lesevergnügen zu machen. An vielen Tagen, an denen ich wieder einmal auf Tour durch die Wetterau oder vor dem Bildschirm war, haben sie sich voller Hingabe um unsere Tochter gekümmert.

Der Autor

Thomas Kopp lebt in Bad Nauheim, seinem Geburtsort. Von 1996 an arbeitete er als freier Journalist für alle in der Wetterau erscheinenden Tageszeitungen. Nach einem Ausflug als Pressesprecher in die Bundespolitik heuerte er fest als Redakteur bei der Frankfurter Neuen Presse an. Er wirkte an mehreren Publikationen über die Wetterau mit, so unter anderem als Co-Autor für das Buch »Butzbach – eine Stadt und ihre Geschichte von gestern bis heute«, das zum Hessentag 2007 in Butzbach erschienen ist.